UNIVERSITÉ DE FRANCE

ACADÉMIE DE STRASBOURG

DE LA

PUISSANCE DU CHEF DE FAMILLE

EN DROIT ROMAIN

DE LA

CONDITION CIVILE

DES ENFANTS NATURELS

EN DROIT FRANÇAIS

THÈSE POUR LE DOCTORAT

PRÉSENTÉE

A LA FACULTÉ DE DROIT DE STRASBOURG

Et soutenue publiquement le lundi 1er juillet 1861, à midi

PAR

EDMOND BERLET

Avocat à la Cour impériale de Nancy

NANCY

Vᵉ **RAYBOIS**, Imprimeur des Facultés

Rue du faubourg Stanislas, 3

MDCCCLXI

UNIVERSITÉ DE FRANCE

ACADÉMIE DE STRASBOURG

DE LA

PUISSANCE DU CHEF DE FAMILLE

EN DROIT ROMAIN

DE LA

CONDITION CIVILE

DES ENFANTS NATURELS

EN DROIT FRANÇAIS

THÈSE POUR LE DOCTORAT

PRÉSENTÉE

A LA FACULTÉ DE DROIT DE STRASBOURG

Et soutenue publiquement le lundi 1er juillet 1861, à midi

PAR

EDMOND BERLET

Avocat à la Cour impériale de Nancy

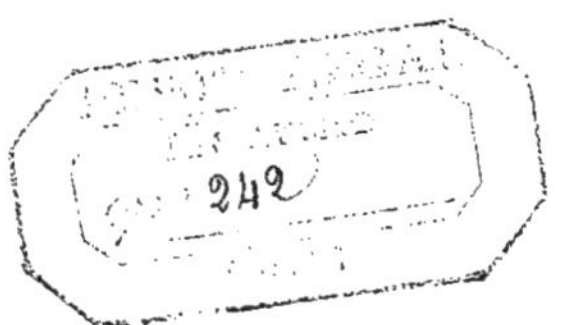

NANCY

Vᵉ **RAYBOIS**, Imprimeur des Facultés

Rue du faubourg Stanislas, 3

MDCCCLXI

FACULTÉ DE DROIT DE STRASBOURG.

MM. Aubry ※,   doyen et professeur de Codé Napoléon.
Hepp ※,   professeur de Droit des gens.
Heimburger,   professeur de Droit romain.
Thieriet ※,   professeur de Droit commercial.
Rau ※,   professeur de Code Napoléon.
Lamache ※,   professeur de Droit administratif.
Destrais,   professeur de Procédure civile et de Droit criminel.
Mugnier,   professeur de Code Napoléon.
N.   professeur de Droit romain.

Lederlin,   agrégé.
Dubois,   docteur en droit.

Bécourt,   officier de l'Université, secrétaire, agent compt.

MM. Lamache, président de l'acte public.
Destrais,
Mugnier,
Rau,   examinateurs.
Lederlin,

La Faculté n'entend approuver ni désapprouver les opinions particulières au candidat.

A MON PÈRE

A MA MÈRE

E. BERLET.

Nancy, imprimerie de veuve Raybois, rue du faub. Stanislas, 5.

DROIT ROMAIN

DE LA

PUISSANCE DU CHEF DE FAMILLE

INTRODUCTION.

La première règle à suivre lorsqu'on se propose d'étudier une institution, est d'en rechercher les origines ; sinon, on serait fort exposé à la considérer sous un faux jour et à n'en comprendre ni la nature, ni les caractères. Cela est vrai surtout si l'institution est une des plus curieuses et des plus importantes de l'histoire et du droit, si elle se trouve intimement liée à l'ancienne constitution politique d'un peuple, comme une des conditions essentielles de son existence. Pour nous donc, qui avons choisi en sujet d'étude *la puissance du chef de famille à Rome*, le premier devoir est de remonter jusqu'aux sources mêmes à travers les plus hautes antiquités de la vieille cité.

« Le législateur de Rome, Romulus, dit Denys d'Haly-
carnasse, concéda au père toute puissance sur son fils,
pour tout le temps de la vie (1). » Voilà l'histoire telle que
l'ont faite les Grecs, telle qu'ils l'avaient puisée dans les
vieilles traditions romaines. Un peuple enfant laisse peu
de monuments, mais des récits rhythmés et des chants qui
perpétuent d'âge en âge les souvenirs des temps passés. A
Rome c'était l'usage de chanter aux repas. « De jeunes
garçons modestes, s'accompagnant de la flûte, ou avec le
seul secours de leur voix, chantaient des vers antiques à la
louange des ancêtres (2). » Ils exaltaient les vertus des
hommes illustres (3). En passant de générations en générations ces chants ou nénies durent s'altérer, la fiction en-
veloppa la réalité, de nouvelles conceptions s'ajoutèrent
aux premières idées et les transformèrent. Plus on s'éloi-
gnait des origines, plus on les entourait d'une auréole
poétique et des premiers hommes on faisait des héros-
dieux. En une personne furent entassées des générations
entières et résumées toutes les conceptions d'un cycle.
Romulus dans une vie d'homme accomplit le lent ouvrage
des siècles, il fonde une ville, donne à son peuple une organisation politique si puissante qu'elle résiste durant des
siècles aux plus rudes révolutions, et crée tout d'une pièce
une législation, dont les bases essentielles sont encore
debout au temps de Justinien.

Cette légende fut un des premiers sujets auxquels s'atta-
qua l'esprit critique à son réveil. Si Rome ne commandait

(1) DENYS D'HAL., L. II. c. 26.
(2) VARRON, dans NONIUS II, 70.
(3) CICÉRON. *Pusculanes* l. IV. 2.

plus au monde, elle régentait encore ; le droit romain était
la raison écrite, la vérité, appuyant son autorité sur l'ancienne domination de l'Empire et sur son histoire. Dès
l'abord c'est de cette histoire qu'on se méfie. Au XV° siècle, un ami d'Erasme, Laurent Valla se livre à l'examen de
Tite-Live, mais timidement. Puis viennent Perizonius
avec ses *Animadversiones historicæ*, Louis de Beaufort et
son livre sur l'incertitude des cinq premiers siècles de
Rome, Vico et sa science nouvelle, enfin de nos jours Niebuhr qui a restitué Rome antique et découvert l'œuvre
d'un de ses plus grands jurisconsultes.

Cependant les anciens, quelque facilité qu'ils eussent à
accepter les traditions fabuleuses, semblent s'être doutés
que Rome existait avant Romulus :

> *Roma ante Romulum fuit*
> *Et ab ea nomen Romulus adquisivit* (1).

D'après Aristote, c'était une cité grecque fondée au retour de la guerre de Troie. Selon ses vieilles légendes à
elle, son origine était pélasgique, elle descendait du Troyen
Enée. La forme de son nom est grecque (2). Ce qui paraît
certain aujourd'hui, c'est que la *Roma* primitive fut un petit
bourg bâti sur le mont Palatin soit par des navigateurs
Pélasges, tyrrhéniens ou sicules, soit par une colonie de
la ville tyrrhénienne d'Albe. Conquise par une tribu des
Osques elle absorba les conquérants, et cette fusion s'opéra

(1) *Marinus lupercaliorum poet. in Servio adv.* 20. Ecl. I.
(2) Macrobius, III. 9. *Romani ipsius urbis nomen latinum ignotum
esse voluerunt.*

d'autant mieux qu'étant de même race, leurs coutumes et leur langue étaient à peu près semblables. Rome conserva le souvenir de cette union, longtemps on'entendit la langue osque et c'est dans cette langue qu'on jouait les farces appelées attellanes.

Le territoire de Rome était alors limité par les villes situées sur les collines voisines. La plus importante de toutes, placée sur la colline Agonale, était une colonie sabine. Niebuhr lui donne le nom de *Quirium*, car ses habitants s'appelaient *Quirites* (1). D'abord rivale de Rome elle s'unit à elle après l'enlèvement des Sabines, et les deux peuples n'en font qu'un ; mais cependant ils gardent encore leur caractère distinct, dans les occasions solennelles on joint leurs noms *Populus Romanus et Quirites* ; plus tard seulement, quand la fusion s'est complétement opérée, l'on dit : *Populus Romanus Quiritium.*

Enfin une troisième ville entre dans la cité, c'est la ville du mont *Cælius, Lucerum* (2), fondée par une colonie d'Albe ou plutôt par une tribu étrusque sous la conduite du *lucumon Cæles Vibenna* (3).

Ainsi Rome est une ville triple, une agrégation de trois villes, un composé de trois éléments, élément latin, élément sabin, élément étrusque. Le cycle sabin est personnifié dans Tatius, Numa et Ancus Martius. Pasteurs et guerriers les Sabins ou Mamertins introduisent dans la cité plusieurs de leurs rites religieux et le culte de la lance *Quir, Mamers.* Le Mars sabin est une lance, le peuple est le peuple de la

(1) NIEBUHR. *Histoire romaine.* T. I. p. 406.
(2) NIEBUHR. *Hist. rom.* T. 1. p. 417.
(3) *Empereur Claude. Voir* MICHELET. *Hist. rom.* T. I. p. 95.

lance, son nom l'indique. Ce symbole se perpétue dans le droit, on le retrouve dans les cérémonies des féciaux, les actions de la loi, le mariage par coemptio, et l'affranchissement par la vindicte.

D'une origine commune, les Pélasges, Etrusques et Latins sont la base de la cité. Dans la légende ce sont les fondateurs et leur cycle comprend les règnes de Romulus, Tullus Hostilius, Servius Tullius et des deux lucumons de Tarquinies, Tarquin l'Ancien et Tarquin le Superbe. Leur culte est celui de Vesta, l'asiatique déesse du feu, des pénates analogues aux anciens Cabires pélasgiques et représentés, comme Romulus et Rémus, sous la forme de deux jeunes gens.

Le fondement de leur droit politique et privé était la puissance du grand possesseur de terre, du lucumon, chef de famille et de tribu. L'assemblée des lucumons forme le gouvernement, gouvernement essentiellement aristocratique et théocratique ; car le lucumon est propriétaire souverain, il se prétend autochtone, issu de la terre, il est l'intermédiaire entre elle et les dieux, il lui interprète la pensée du ciel manifestée par la foudre, le vol des oiseaux et les entrailles des victimes, il est prêtre et augure, à l'égard des siens il est presque dieu, il a un pouvoir absolu sur sa famille, ses clients et ses esclaves.

Voilà le type du *Pater familias* romain, voilà la source de cette toute-puissance accordée au père sur sa famille et sa maison pour toute la durée de la vie. Ce fut le legs d'un peuple vieux à un peuple nouveau, d'une antique civilisation à une civilisation naissante, sortie de son sein, et qui devait l'absorber. Ce n'a pas été et ce n'a pu être l'œuvre d'un seul homme, l'histoire des origines le démontre, l'é-

tude approfondie de la famille romaine et de son organisation ne permet pas à l'esprit de douter un moment. Cette
organisation était intimement liée à la constitution reli-
gieuse et le pouvoir du chef était tout aussi bien religieux
que civil et politique, or personne n'ignore dans quelle
dépendance se trouvaient les Romains, sous le rapport de
la religion, à l'égard des Etrusques ; il suffit pour s'en
convaincre de lire Tite-Live (1).

Toutefois, il ne faut pas se figurer que seules dans l'antiquité l'Etrurie et Rome, sa disciple, eurent le privilége
d'une famille fondée sur la puissance de son chef ; c'est
l'apanage de toutes les civilisations naissantes, de tous les
peuples dans leur enfance ; c'est un débris de la vie pa-
triarchale. Chez les Perses, le pouvoir du père était absolu (2). Chez les Hébreux, il en fut de même jusqu'à
Moïse, mais ce législateur fit intervenir les tribunaux dans
l'exercice de la puissance paternelle : « Si un homme a un
fils rebelle et insolent, qui ne se rende au commandement
ni de son père, ni de sa mère, et qui, en ayant été repris,
refuse avec mépris de leur obéir, ils le prendront et le
mèneront aux anciens de sa ville, à la porte où se rendent
les jugements et ils leur diront : Voici notre fils qui est un
rebelle et un insolent, il méprise et refuse d'écouter nos
remontrances, et il passe sa vie dans les débauches, dans
la dissolution et dans la bonne chère ; alors le peuple de
cette ville le lapidera et il sera puni de mort (3). » Quand
un père est réduit à la misère, il peut vendre sa fille im-

(1) Tite-Live, V, c. 15.
(2) Eschbach, *Introduction à l'étude du droit*, 3ᵉ éd. p. 455.
(3) Deutéron, XXI, 18 à 21.

pubère, ou, pour parler comme la loi, faire de la fille la *servante* d'un Hébreu (1). A Athènes, Solon apporta des tempéraments au pouvoir du chef de famille, il lui défendit de disposer de la vie et de la liberté de ses enfants ; seulement, si la fille s'était déshonorée par la prostitution, il était permis de la vendre (2). De là nous pouvons conclure qu'avant Solon la puissance était absolue.

Mais nulle part cette puissance ne fut aussi redoutable qu'à Rome. Rome était un monde double, sacerdotal et héroïque, étrusque et sabellien. Son citoyen, son chef de famille est un prêtre et un guerrier, sa voix est vénérée comme un oracle, obéie comme un commandement. Nulle part non plus cette institution ne subsista aussi longtemps, cela tint à l'esprit superstitieux des Romains et au respect des traditions qu'ils puisaient dans leur superstition même.

Nous avons recherché l'origine de la puissance du *Pater familias,* nous allons maintenant étudier son rôle dans la cité ; puis, la prenant en elle-même, nous en dirons la nature, l'étendue et les conditions d'existence ; enfin, tout en tenant nos regards constamment attachés sur le chef, nous suivrons la famille dans ses diverses métamorphoses aux différents âges du droit.

(1) Exode, XXI, 7.
(2) Eschbach, loc. cit., p. 573.

PREMIÈRE PARTIE.

CHAPITRE I.

Constitution politique. — Famille civile. — Rôle de cette famille dans la cité. — La maison ou domus. — Le Pater familias. — La Gens ou famille politique.

Les trois villes du Palatin, du Quirinal et du Cœlius, une fois unies dans une même cité, ne furent plus que trois tribus : Ramnes, Titientes, Luceres, ayant toutes à leur tête un tribun, cent sénateurs, un pontife (1) et deux vestales. La tribu à son tour est une agrégation de curies ; la curie une agrégation de gentes ; la gens une agrégation de familles ; la famille une agrégation de personnes. Dans cette organisation règne la plus parfaite harmonie, tout n'est que rhythme et que nombre : trois tribus, trente curies, trois cents gentes, et probablement trois mille familles. Chacune de ces parties se groupe et se meut autour d'un chef à la fois civil, politique et religieux qui, dans la cité, la représente et parle en son nom, et qui offre ses

---

(1) Tres antiquæ tribus..... suum augurem habebant. Tite-Live, X, 6.

sacrifices aux dieux ; pour la curie, c'est le curion ; pour la gens, le décurion ; pour la famille, le *Pater familias*.

Ainsi, au dernier échelon, comme base et comme fondement de l'édifice social se trouve la famille. Ici il faut rejeter toutes nos idées modernes ; notre famille à nous c'est le mari, l'épouse, les enfants, et, dans un cercle plus étendu, tous ceux qui de près ou de loin sont unis par le sang. A Rome, rien de semblable ; sans doute, le plus souvent les enfants et la femme seront le noyau de la famille, la parenté naturelle, la cognation en sera le point d'appui ; mais quelquefois aussi la femme sera comme une étrangère dans la maison de son mari, les enfants en seront rejetés, et au foyer domestique il n'y aura que des inconnus. Car ce qui constitue la famille ce n'est point la parenté, c'est la puissance, c'est un lien arbitraire forgé et rompu tour à tour au caprice du chef et connu en histoire et en droit sous le nom d'agnation. Tous ceux qui, avec le titre de fils, sont sous la même puissance sont agnats entre eux et les agnats de l'auteur commun, fils naturels (1), femme, étrangers devenus fils par adoption ; ceux-là sont les véritables parents, ils jouissent des droits de tutelle et de succession ; que par la mort du chef la puissance soit éteinte, ces divers membres, quoique devenus chefs de familles à leur tour, n'en continueront pas moins à être agnats, et leurs prérogatives subsisteront. Mais le fils véritable, expulsé, émancipé par le père n'est plus son agnat, ni l'agnat de ses frères, il ne recueille pas leur héritage, il est hors de sa famille, il est entré dans une autre ou à son tour il en commence une nouvelle.

(1) Ici fils naturel est pris par opposition à fils adoptif.

Voilà l'agrégation civile par excellence, la famille essentiellement constituée au point de vue politique. Tout autour des agnats et sous la même puissance vivent les prisonniers de guerre sauvés de la mort, les esclaves, leurs enfants esclaves comme eux, les débiteurs insolvables ou nexi, les hommes libres pour la plupart fils de famille émancipés par leur chef entre les mains d'un autre, les affranchis, les étrangers qui, pour vivre dans la cité, ont imploré la protection du citoyen et sont devenus ses clients, les pauvres citoyens qui ont accepté du riche quelques arpents à titre précaire et ne sont plus que des colons. Tout cela c'est la maison, la *domus*. Au centre de ce petit monde, dans sa demeure isolée (*insula*), près de la pierre du foyer (εστια, *vesta*), à côté du lare, génie des anciens possesseurs, dieu des morts, se tient le chef de famille, possesseur actuel, presque dieu pour tout ce qui l'entoure. Juge et pontife, seul il siége au tribunal domestique et de sa bouche tombent des arrêts sans appel, seul il offre les sacrifices et invoque les pénates et les dieux familiers ; vers lui tout converge, tout lui obéit, tout lui appartient.

La famille ainsi constituée n'est elle-même qu'un fragment de la grande famille politique, de la *gens*, dont les membres sont les *gentiles*. « Les gentils, dit Cicéron, sont » ceux qui ont le même nom commun entre eux ; ce n'est » pas assez : qui sont d'origine ingénue ; ce n'est pas suffi- » sant encore : dont aucun des aïeux n'a été réduit en » servitude ; maintenant il manque encore : qui n'ont pas » été diminués de tête ; ceci est assez sans doute, je ne » vois pas en effet que le pontife Scœvola ait rien ajouté à » cette définition (1). » La gens est donc une communauté

(1) Cicéron, *Topique* 6.

de plusieurs familles, une société politique de *Patres familiarum*. Fondateurs et premiers citoyens de la cité ils sont
de race libre; pères de familles ils n'ont subi aucune diminution de tête. Ils portent tous le même nom, est-ce à dire
qu'ils sont d'une même souche, qu'ils sont alliés? Ici,
moins encore que pour la famille civile, les liens du sang
n'ont dû être respectés; ce nom commun sert à distinguer
les diverses *gentes* et leurs membres, peut-être est-il donné
à ses co-gentils par le père de famille le plus puissant et le
plus influent, par le chef de la gens. Chacune de ces familles politiques a des dieux et un culte particuliers : les
Nautius étaient obligés envers Minerve (1); les *Fabius*
envers Hercule; les *Horaces* étaient tenus à l'expiation du
meurtre d'une sœur (2). Les membres de la gens étaient
réciproquement tenus de se prêter assistance, ils devaient
contribuer à la rançon de ceux d'entre eux qui étaient
tombés au pouvoir de l'ennemi (3), et même à l'acquitte-
ment des amendes encourues par un des leurs (4). En
compensation de ces charges, ils héritaient les uns des
autres à défaut d'agnats (5). Aux comices les citoyens vo-
tent dans leur gens, la gens n'a qu'une voix, c'est l'unité
politique; la majorité des gentes forme la voix de la curie;
la majorité des curies fait la loi curiate.

Tel est au premier âge le rôle de la gens dans la cité, de

(1) Denys, VI, 69, p. 393.

(2) Tite-Live, I, 26. Sacrificia piacularia gentis Horatiæ.

(3) Appien, *De bello Ann.* 28.

(4) Denys d'Hal., *Excerpta Maii* XIX, p. 480. Nouv. collect.
Script. vet.

(5) Gaïus, III, 17.

la famille dans la gens, du père dans famille. Le chef, on peut le dire, est à lui seul la famille toute entière, car dans sa personne sont absorbées toutes les autres. Les *Patres familiarum* sont seuls les véritables membres des gentes, tout le reste n'y entre qu'à leur suite, ils sont les vrais citoyens, les *patres*, les patriciens. Tout ce qui n'est pas eux, tout ce qui ne se confond pas en eux, tout ce qui par eux ne fait pas partie d'une famille et d'une gens, est hors de la cité, c'est un étranger, un ennemi (*perigrinus, hostis*), et qu'on ne l'oublie pas : *Adversus hostem æterna auctoritas* (1).

CHAPITRE II.

Du titre de Pater familias. — Conditions essentielles et constitutives de la puissance. — Ses modes généraux d'extinction.

Nous l'avons dit, le *Pater familias* est le citoyen par excellence. Le droit de cité est donc la première source de la puissance, mais la cité elle-même n'est donnée qu'à l'homme libre. Ainsi le père de famille est l'homme libre citoyen. Ce n'est pas tout, car le fils malgré sa sujétion, possède aussi la liberté et la cité; mais le fils subit la loi d'un chef, obéit à son ordre, à son commandement (*jussum, jus*), il est *alieni juris*. Celui qui au contraire n'est soumis à personne, est maître de lui-même, ne suit que sa propre loi, celui qui est *sui juris*, celui-là seul a la puissance, est chef de famille. En un mot le *Pater familias* est l'homme libre, citoyen, *sui juris*.

(1) XII *Tab.* Cicer. *De officio*, L. 1, c. 12.

Ce peut être un enfant, car ce titre n'implique nulle idée de paternité. Le sanguinolent, pour me servir de l'expression romaine, celui qui sort des entrailles de la mère est *Pater familias* si dès cet instant il naît indépendant. « *Patres familiarum sunt qui sunt suœ potestatis, sive puberes, sive impuberes* (1). » Cependant, il n'a encore ni femme, ni fils, mais peut-être déjà il a une maison, des esclaves, des affranchis, des colons et des clients ; que tout cela lui manque, il a du moins la puissance et au premier jour il pourra l'exercer. Si à sa naissance il ne se trouve pas père de famille, il le devient à la mort de son chef ou du vivant de celui-ci par l'émancipation.

La liberté, la cité, l'indépendance font de l'homme un *Pater familias*, la perte d'un de ces trois attributs lui ravit du même coup son titre et sa puissance ; on dit de lui alors qu'il a subi la grande, la moyenne ou la petite diminution de tête.

« Il y a grande diminution de tête lorsqu'on perd à la » fois la cité avec la liberté (2). » C'est ce qui arrive à celui qui, condamné aux mines ou exposé aux bêtes, devient esclave de la peine, *servus pœnœ ;* à celui qui, pour ses méfaits, tombe en servitude, à celui qui est fait prisonnier de guerre. Il cesse d'avoir ses enfants en son pouvoir (3), il n'a plus de famille, plus de maison ; lui-même n'est plus rien, c'est une chose. Mais la loi accorde une faveur au citoyen pris par les ennemis, jusqu'à son retour son état est en suspens, s'il revient, s'il parvient à franchir la frontière (*post limes*)

(1) *Dig.*, VI, 4. Ulp.
(2) *Instit.* 1, XVI, 1.
(3) *Instit.* 1, XII, 3.

il jouit du *postliminium,* il recouvre tous ses droits, tous ses biens, ou plutôt il est censé ne les avoir jamais perdus, il n'a pas cessé un moment d'être *Pater familias.*

« Il y a moyenne diminution de tête lorsqu'on perd la » cité en conservant la liberté, ce qui arrive à celui à qui » l'on interdit l'eau et le feu ou que l'on a déporté dans une » île (1). » L'interdiction de l'eau et du feu était l'antique formule du bannissement perpétuel par laquelle on forçait un citoyen à s'expatrier lui-même en le privant de toutes les choses nécessaires à la vie (2). Car personne ne pouvait perdre le droit de cité malgré lui; aux condamnés mêmes on était forcé d'interdire l'eau et le feu. Peu à peu la déportation remplaça cette peine ; elle en différait en ce que le condamné était enfermé dans un lieu déterminé, une île, d'où il ne pouvait sortir sans se rendre passible du dernier supplice (3). Les interdits et les déportés en perdant la cité perdaient nécessairement les droits de famille, puisque ces droits étaient inhérents à la qualité de citoyen, mais ils restaient libres et devenaient étrangers (4).

Enfin le *Pater familias* qui abjure son indépendance, qui se donne en adrogation à un autre chef, conserve sans doute sa liberté et sa qualité de citoyen, mais perd son titre de *Pater.* Il passe sous la puissance d'autrui avec tous ses biens et avec toutes les personnes qui lui sont soumises, sa maison se confond avec celle de l'adrogeant, il n'est plus inscrit sur le cens comme père de famille, mais seulement

---

(1) *Instit.* 1, XVI, 2.
(2) Cicer. *Pro domo.* c. 29 et 30.
(3) *Dig.* 48, 19, 4, Marci.
(4) Ulp. reg. 10 § 3 (*peregrinus fit*).

comme fils, il délaisse ses dieux domestiques et entre dans les choses sacrées de ses nouveaux agnats. C'était, on le voit, des changements importants auxquels la cité et la religion étaient intéressées et qui nécessitaient le consentement du peuple et l'approbation des pontifes : Il fallait une loi curiate, l'*auctoritas populi*. On demandait dans les comices à l'adrogeant s'il voulait prendre un tel pour son fils légitime, à l'adrogé s'il voulait le devenir, aux pontifes si les dieux n'étaient pas contraires, au peuple s'il l'ordonnait, et alors l'adrogation avait lieu.

En dernier lieu la mort naturelle mettait fin à la puissance; quant aux condamnations capitales elles produisaient cet effet dès avant leur mise à exécution, par l'effet de la sentence, le coupable devenant esclave de la peine perdait sur-le-champ la liberté, la cité et la famille.

Telles étaient les qualités essentielles et constitutives du *Pater familias*, les conditions générales d'où dépendaient son titre et sa puissance et les principales circonstances qui les lui enlevaient l'une et l'autre.

Simile modo matres familiarum, ajoute le texte d'Ulpien cité plus haut. Ainsi la femme, nubile ou impubère, qui n'est sous la main de personne, qui est *sui juris*, est *Mater familias*. Mais c'est là un titre purement honorifique, jamais elle n'a sur ses enfants la puissance paternelle réservée aux hommes seuls, la famille dont elle est le chef commence et finit en elle : « *Mulier autem familiæ suæ et caput et finis est* (1). » Tout ce qu'elle peut avoir c'est une maison, une domus, des esclaves et des affranchis, encore ne peut-elle l'administrer comme elle l'entend, car elle est soumise à

(1) ULPIEN. *Dig.* 50. 16. 195 § 15.

ùne surveillance perpétuelle; en mourant son *Pater familias* ou son mari, si elle avait été *in manu*, lui nomment un
tuteur pour la diriger quand ils ne seront plus là, ou bien
ce sont ses agnats qui la prennent en tutelle. Les anciens
Romains avaient voulu que les femmes fussent soumises à
une tutelle perpétuelle : « *Veteres voluerunt feminas, etiamsi*
» *perfectæ ætatis sint, propter animi levitatem in tutela*
» *esse* (1); » à cause de la légèreté de leur esprit et pour
dire comme Tite-Live et Ulpien, à cause de la faiblesse de
leur sexe et de leur ignorance des choses publiques, *et
propter sexus infirmitatem et propter forensium rerum igno-
rantiam* (2). A la mort du tuteur un autre le remplace, il
n'y a là qu'un changement. Mais si la femme perd la liberté
ou la cité, si elle devient *alieni juris* sa tutelle finit nécessairement, parce que devenue esclave, étrangère ou la propriété d'autrui la femme n'est plus une *Mater familias*, autrement elle est pupille jusqu'à sa mort. Seules les Vestales
étaient libres de toute autorité; les anciens, dit Gaïus, l'a-
vaient voulu en l'honneur du sacerdoce et les xii Tables l'ont
ordonné (3).

Nous voici arrivés au point où il nous faut entrer dans
l'examen approfondi de la puissance et l'étudier sous toutes
ses faces. Nous avons tracé un tableau général de la famille
et de la maison : tout autour du chef nous avons vu les fils,
la femme, les esclaves; nous allons les prendre les uns après
les autres et dire successivement ce qu'était la puissance sur
le fils, *patria potestas;* sur la femme, *manus;* sur l'esclave,

(1) Gaïus, 1. § 144.
(2) Ulp. reg. II, 1. Tite-Live, 32, 2.
(3) Gaïus, I, 145.

potestas dominica ; sur l'homme libre, *mancipium.* Enfin nous passerons à ces personnes qui, sans être entièrement soumises au pouvoir despotique du maître de la famille, étaient cependant vis-à-vis de lui dans une certaine dépendance ; il sera curieux de rechercher les rapports qui pouvaient exister entre le patron, les affranchis, les clients et les colons.

CHAPITRE III.

De la puissance paternelle.

La source première de la puissance paternelle et la plus importante de toutes c'est le mariage. « Celui qui naît de toi et de ton épouse, disent les Instituts, est en ta puissance ; comme aussi celui qui naît de ton fils et de son épouse, c'est-à-dire ton petit-fils ou ta petite-fille ; de même ton arrière-petit-fils, ton arrière-petite-fille, et ainsi des autres. Pour l'enfant issu de ta fille, il n'est pas sous ta puissance, mais sous celle de son père (1). » Ainsi au pouvoir du chef se trouvent d'abord tous ses enfants au premier degré. Se marient-ils, le mariage ne les affranchit pas ; s'il leur vient des enfants, ils ne prennent pas sur eux la puissance paternelle, mais tous, fils, petit-fils, arrière-petits-fils sont ensemble soumis au même chef et vieillissent sous son pouvoir ; en un mot tous les mâles accroissent la famille. Quant aux filles, en se mariant elles ne sortaient pas toujours, il est

(1) *Instit.* 1. IX. 3.

vrai, de leur famille paternelle, mais jamais elles n'y faisaient entrer leurs enfants ; ceux-ci appartenaient à leur père ou au chef de leur père et non à leur aïeul maternel ; jamais l'agnation ne liait les descendants par les femmes, ils n'étaient jamais que de simples cognats.

Tels étaient les effets du mariage, non du mariage ordinaire, de droit des gens, de cette union de l'homme et de la femme entraînant l'obligation de vivre dans une communauté indivisible, selon les expressions des Instituts (1), mais du seul véritable mariage à Rome, du mariage des citoyens, des justes noces. Celui-là seul produit la puissance : *in potestate nostra sunt liberi nostri quos ex justis nuptiis procreavimus* (2). » Il y a justes noces si les contractants ont entre eux le *connubium*, si le mari est pubère, la femme nubile ; si l'un et l'autre étant *sui juris* manifestent leur volonté ; enfin si les parents consentent, lorsqu'il s'agit d'enfants en puissance (3). Ainsi trois conditions essentielles du mariage légitime : puberté, consentement, *connubium*.

La puberté est l'état physique où l'homme par le développement de son corps devient capable de s'unir à la femme, où la femme, pour parler l'énergique langage du droit romain, devient *viripotens*, assez forte pour l'homme. C'est l'instant où le mariage est rendu possible par la nature ; à l'origine la loi ne le fixe pas, le père de famille est libre ; il ne marie ses enfants qu'au moment où il voit leur corps suffisamment développé. Plus tard on en détermina

(1) *Instit.* 1. IX. 1.
(2) *Instit.* 1. IX. princ.
(3) Ulp., Reg. V. 2 ; *Inst.* 1. X. princ.

légalement l'époque ; les femmes l'atteignirent à douze ans, les hommes à quatorze ; avant cet âge l'union contractée n'était pas légitime et ne le devenait qu'au moment où la puberté s'était accomplie.

Sans consentement pas de mariage : si les époux sont, l'un *pater*, l'autre *mater familias,* leur consentement seul suffit, sinon il leur faut celui de leurs chefs respectifs, mais le leur n'en est pas moins exigé et même il doit être libre, car le pouvoir du père de famille ne s'étendait pas jusqu'à contraindre à se marier ceux qui lui étaient soumis : « *non cogitur filius familias uxorem ducere* (1). » C'est là sans doute une disposition des lois Julia et Papia Poppæa, mais qui n'était que la confirmation d'antiques usages.

Enfin il n'y a justes noces que si les époux ont l'un et l'autre le *connubium,* c'est-à-dire la faculté de se marier ensemble. Le *connubium* est un des éléments constitutifs du droit de cité antique, il n'est pas particulier à Rome, c'est une institution générale, commune aux peuplades latines et aux villes grecques ; du *connubium* dépend la légitimité des mariages avec les étrangers (2). Souvent les villes se l'accordent entre elles par des traités. Rome, dans le principe, n'a pas le *connubium* avec Quirium, la ville des Sabins ; Romulus veut l'obtenir, sur un refus il fait enlever les femmes. Plus tard les trois villes se fondent en une même cité, leurs habitants ont les uns à l'égard des autres le *commercium,* la *factio testamenti,* le *connubium.* Ces premiers citoyens, ces patriciens accordent aux Latins annexés, aux

(1) *Dig.* 23. 2. 21.

(2) V. Niebuhr. *Hist. rom.* t. 1, p. 317, 318 et suiv. trad. de M. de Golbéry.

plébéiens les deux premiers droits, mais se réservent le dernier, et ainsi entre les deux ordres pas de mariages possibles, si ce n'est des unions passagères et illégitimes. Donc entre le Romain, l'étranger, le Latin, le plébéien point de *connubium*, partant point de justes noces. Entre citoyens même souvent le *connubium* n'existe pas, les agnats ne l'ont pas, et la parenté naturelle, la cognation est un empêchement au mariage.

Ces trois conditions réunies, l'homme était *vir*, la femme *uxor*, il y avait mariage légitime, à moins toutefois que l'un des époux fût déjà lié par de justes noces, auquel cas les secondes étaient nulles, car la bigamie était expressément défendue.

En dehors des justes noces tout commerce entre un homme et une femme est un *stuprum*. Le *stuprum* est le commerce contraire aux mœurs et aux lois, le viol, la bigamie, l'accouplement avec une esclave, l'adultère, l'inceste. Aux enfants qui en sont issus, on donne le nom générique de *spurii*, ils sont vulgairement conçus, *vulgo concepti, vulgo quæsiti* ; en leur faveur nulle présomption de paternité, ou plutôt leur conception est attribuée à tout le monde. Ce caractère était indélébile, le *spurius* le restait jusqu'à la fin de ses jours, il n'avait pas de famille, rien ne pouvait le réhabiliter que son adoption, sa soumission volontaire à la puissance d'autrui.

Toutefois, il y avait à Rome, à cette époque, des mariages qui n'étaient ni des justes noces, ni des *stupra*, c'était les unions des patriciens et des plébéiens, unions mixtes qui furent l'origine du concubinat. L'enfant qui en naissait n'était point un *spurius*, et, suivant cependant la condition de sa mère, ne tombait point en la puissance de

son père et n'héritait pas de lui (1). Il en fut ainsi jusqu'à
ce que la loi *Canuleia* vint établir le *connubium* entre les
deux ordres, mais alors les unions avec les étrangères per-
pétuèrent le concubinat, qui ne reçut de règles et ne
devint une institution du droit civil qu'au siècle d'Auguste.

Ainsi, de ces trois sortes d'unions, *stuprum*, concubinat, justes noces, ces dernières seules servent de fondement à la famille, sont le seul moyen naturel d'arriver à la
puissance paternelle, car seuls les *justi liberi*, les enfants
légitimes sont les agnats de leur père. Mais à côté il existait un moyen de droit dont les effets étaient tout aussi
remarquables, l'adoption, qui dès l'origine eut pour but
d'introduire une personne dans la famille et d'acquérir sur
elle la puissance paternelle. « L'adopté sortait de sa famille
naturelle, y perdait tous ses droits d'agnation et de succession, y devenait étranger aux dieux domestiques et aux
choses sacrées; mais il entrait dans la famille de l'adoptant, les droits d'agnation et de succession dans cette
famille lui étaient acquis, les dieux lares et les choses
sacrées lui devenaient communs (2). » Il prenait le nom
de l'adoptant en l'ajoutant à celui de son ancienne maison;
aussi Cicéron disait-il que l'adoption entraînait le droit
de succéder au nom, aux biens et aux dieux domestiques (3).

C'était donc un acte auquel la cité se trouvait intéressée,
c'était un acte public essentiellement lié à l'ordre politi-

(1) V. Niebuhr, *H. r.*, T. IV. *Le second décemvirat*, p. 35 et s.
(2) Ortolan., *Inst.*, T. I, p. 216, 5ᵉ éd.
(3) Cic., *Pro dom.* 13, § 35.

que, car il causait de graves altérations dans les familles, et c'est ce que des constitutions aristocratiques comme celle de Rome permettaient difficilement, il fallait que l'association y concourût, ou tout au moins qu'elle y consentît. Nous l'avons vu pour l'adrogation, cette adoption d'un *Pater familias* par un autre chef de famille, sanctionnée par l'approbation des pontifes et la volonté du peuple. L'adoption proprement dite, celle du fils, n'exige pas tout ce concours ; toutefois la cité intervient par l'autorité du magistrat. Comme le but était de transférer la puissance paternelle d'une personne à une autre, les formes durent être propres d'un côté à l'extinction, de l'autre à la cession de cette puissance. La *mancipatio*, répétée trois fois pour un fils mâle au premier degré, détruisait le pouvoir de l'ancien chef et le nouveau l'acquérait par la *cessio in jure*. C'était la représentation fictive d'un procès. L'acquéreur qui voulait adopter réclamait l'enfant comme sien par une vendication simulée devant le magistrat connaissant des actions de la loi, le père ne contredisait point et le magistrat déclarait que l'enfant appartenait à l'adoptant (1), soit en qualité de fils ou de fille, soit comme petit-fils, soit même comme descendant au troisième degré.

Tout ce monde, tous ces enfants se groupent autour du *Pater familias* qui les gouverne avec une autorité absolue. Ce ne sont pas des personnes, mais des choses et des corps soumis à une juridiction souveraine, le tribunal domes-

---

(1) Aulu-Gelle, 5, 19. Adoptantur autem, cum a parente, in cujus potestate sunt, tertia mancipatione in jure ceduntur, atque ab eo, qui adoptat, apud eum apud quem legis actio est, vindicantur.

tique. « Il faut voir, dit M. Michelet, le pontife du droit
» siégeant à son foyer, parmi les *images majorum*, près de
» ses dieux et dieu lui-même. Il scande lentement la for-
» mule et rime impérieusement. Comprimée par les basses
» voûtes de l'*atrium*, grave comme l'inscription d'un tom-
» beau ; brève, rhythmique comme un arrêt, cette voix
» sonne le bronze. Chaque parole se fixe et tombe en mé-
» dailles d'airain ; le monde incliné ramasse comme au
» couronnement d'un roi (1). » Cette peinture, pour être
poétique, n'en est pas moins d'une vérité frappante. A cette
époque du droit le nom de père n'a rien de tendre, il n'é-
veille que des idées de pouvoir despotique. Aux pieds du
père on apporte le nouveau-né, qui gît tout nu à terre,
semblable, dit le poëte, au matelot jeté à la côte par le flot
furieux (2). Si l'enfant est beau, il sera relevé, mais s'il est
monstrueux ou difforme, il sera abandonné, exposé, jeté
dans le Tibre ou livré aux flammes (3). Devenu homme,

(1) MICHELET. *Origines du droit français*. Introd. p. CVII.

(2) Tum porro puer sævis projectus ab undis
Navita, nudus humi jacet, infans, indignus omni
Vitai auxilio, cum primum in luminis oras
Nixibus ex alvo matris Natura profudit.

LUCRÈCE, De natura rerum, L. V.

(3) TITE-LIVE, L. XXVII, c. 37, et L. XXIX, c. 22.
Hæc fuerant olim, sed tu jam mitis Apollo
Prodigia indomitis merge sub æquoribus.

TIBULLE, L. II. Élég. 5, v. 80.

Monstra jubet primum.......
.... rapi, sterilique nefandos
Ex utero fœtus infaustis urere flammis.

LUCAIN, Phars. 1. 5. 589 et s.

vieillard même, il obéit passivement; son père peut le faire
battre de verges, le mettre en prison, le reléguer à la campagne et le faire travailler à la terre comme un esclave,
enfin le tuer, et cela lors même qu'il serait revêtu des
premières charges, lors même qu'il aurait rendu à la
République les services les plus signalés. « Car le fils a
» beau grandir dans la cité, il reste le même dans la fa-
» mille; tribun, consul, dictateur, il pourra toujours être
» arraché par son père de la chaise curule ou de la tri-
» bune aux harangues, ramené dans la maison et mis à
» mort aux pieds des lares paternels (1). » Denys raconte
que d'illustres personnages parlant de la tribune en faveur
du peuple contre le sénat en descendirent sur l'ordre de
leurs pères, au moment même où l'on applaudissait à leurs
discours. Comme ils traversaient le *Forum*, personne ne
put les arracher des mains de leurs chefs, ni consul, ni
tribun, pas même le peuple en faveur duquel ils avaient
parlé et qui, dans toute autre occasion, ne connaissait aucune autorité égale à la sienne (2). Souvent le père se fait
l'agent de la vindicte publique; ce fut en sa qualité de
père et non comme consul que le premier Brutus fit mourir ses fils; ce fut en vertu d'une sentence du tribunal
domestique qu'on exécuta le consul Spurius Cassius,
comme auteur de la première loi agraire (3).

Ainsi, le fils ne joue un rôle dans la cité, n'est une personne, que du consentement de son père; dès que celui-ci
parle, l'autre s'absorbe en lui et disparaît. Dans la famille

(1) Michelet, *Hist. r.*, T. I, p. 101.
(2) Denys d'Hal., II, 26, 27.
(3) Tite-Live, II, 41.

il n'est rien, il n'a pas de volonté, c'est une sorte d'esclave avec le titre d'homme libre, une chose qui peut être vendue pour son pesant d'airain. Il ne possède aucun bien ; la terre qu'il cultive, les fruits de ses talents ou de son industrie, les legs, les dons qu'il reçoit, ce qu'il acquiert par vente ou stipulation, tout cela appartient à son père, lui il n'a rien que la jouissance qu'on veut bien lui laisser. N'ayant rien il ne peut tester, il n'est pas même sûr de recueillir un jour l'héritage de ses ancêtres et il aura peut-être la douleur de voir cette fortune entière passer à des étrangers, sans avoir de recours contre un testament si barbare. *Ut i legassit super pecunia tutelave suæ rei, ita jus esto* (1), la dernière volonté du *Pater familias* est respectée comme une loi, ou plutôt est la loi elle-même. A sa mort le père dispose en maître de ses biens et de la tutelle de ses enfants impubères ; mais testat ou intestat s'il meurt insolvable, son fils héritier sien et nécessaire ne pouvant répudier sa succession sera poursuivi par les créanciers et encourra l'ignominie qui attendait son auteur.

Telle était la puissance paternelle ; celui qui, par un crime, cherchait à s'y soustraire, était puni d'un horrible supplice : le parricide était enfermé dans un sac de cuir avec un chien, un coq, une vipère et un singe, puis jeté dans le Tibre (2).

Le fils échappait au pouvoir de son père par la mort,

---

(1) L. XII *Tab*. T. V.

(2) *Inst*. T. IV. 18. 6. La loi Pompeia ne reproduisait qu'une disposition de la loi des XII Tables. Le supplice du parricide est un supplice antique. En voir la description dans *Rome, au siècle d'Auguste*, de M. Ch. Dezobry, Lettre XL, T. II, p. 207 et s.

l'une des trois diminutions de tête, la vente, l'adoption et l'émancipation.

Tout ce que nous avons dit des diminutions de tête au sujet du *Pater familias* s'applique aussi à ses enfants. En perdant la liberté et la cité ils sortaient de la famille, mais, jouissant du *postliminium*, ils y rentraient, s'ils échappaient à l'ennemi. Pour eux la petite diminution de tête n'en était pas, à vrai dire, une véritable ; car si elle les dérobait à la puissance de leur chef, c'était pour les soumettre au pouvoir d'un autre. Elle s'opérait par la vente, par le *mancipium* appelé plus tard *mancipatio*. En présence de cinq témoins pubères et citoyens romains, d'un *libripens* porteur d'une balance, les deux chefs de famille procèdent à cette vente. Désignant le fils, le tenant comme une chose, selon l'expression romaine, celui qui doit le recevoir prononce la formule : « *Hunc ego hominem ex jure Quiritium meum esse aïo, isque mihi emptus est hoc œre œneaque libra;* je dis que cet homme m'appartient, car je l'ai acheté par l'airain et la balance d'airain. » Puis avec l'airain il frappe la balance et verse le prix (1). Cela fait, l'enfant tombe sous sa main, *in mancipio;* mais si l'acheteur l'affranchit, l'enfant retourne à son ancienne famille.

Le père alors peut le vendre de nouveau, affranchi le revendre encore. Mais cette fois son pouvoir est usé et si le

____

(1) Gaïus 1. 119. Au temps de Gaïus cette vente n'était déjà plus que simulée, le texte porte : « *idque æs dat a quo mancipio accipit,* » *quasi pretii loco ;* il donne l'airain en guise de prix. » Mais dans les temps primitifs la vente devait être réelle, à l'époque où nous sommes le prix véritable devait être versé.

nouvel acquéreur vient à affranchir, le fils sera *sui juris,* libre désormais de toute puissance. *Si pater filium,* dit la loi des douze Tables, *ter venumduit, filius a patre liber esto* (1). Toutefois il était à l'égard de son manumisseur dans la position d'un affranchi, sur lui pesaient des droits de tutelle, s'il était impubère, et dans tous les cas, des droits de patronage et de succession. Aussi lorsque ces mancipations devinrent fictives et symboliques, lorsqu'elles n'eurent plus d'autre but que l'extinction de la puissance paternelle et qu'alors elles se firent de suite et à la même personne, les pères voulurent retenir pour eux les avantages qu'assurait la qualité de manumisseur ; on ajouta à la formule de la troisième mancipation une clause de fiducie. Par ce moyen le père obligeait l'acheteur à lui restituer son fils en toute propriété, et obtenant alors, non pas la puissance paternelle épuisée par les ventes, mais le mancipium, il pouvait par un affranchissement devenir le patron de son fils et acquérir sur lui les droits de tutelle et de succession. Quant aux filles et aux petits-enfants, une seule mancipation suffisait pour les libérer de la puissance paternelle ; les jurisconsultes l'avaient ainsi décidé par application même de la loi des Douze Tables, qui dans ses dispositions ne visait que le fils, que l'enfant au premier degré (2).

Enfin un dernier mode d'extinction, l'adoption. En donnant au fils une nouvelle famille et un nouveau Chef, l'adoption rompait tous les liens qui l'unissaient à ses anciens agnats, et le rendait étranger au *Pater familias* sous la puissance duquel il avait jusqu'alors vécu.

(1) L. XII tab. T. 4.
(2) Ulp. reg. X, 1.

CHAPITRE IV.

De la puissance sur la femme.

Dans l'ancienne Rome, où la plus parfaite harmonie présidait à l'organisation de la famille, il eût semblé contraire à l'ordre public de voir la femme, étrangère à son mari et à ses enfants, hors de la nouvelle famille qu'elle avait créée, rester sous la puissance de son père et n'obéir qu'à lui. Aussi le mariage était-il le plus souvent accompagné de cérémonies propres d'une part à éteindre le pouvoir du chef et de l'autre à le faire passer entre les mains de l'époux: sinon, le temps suffisait à lui seul pour produire cet effet. « Autrefois, dit Gaïus, les femmes tombaient sous la *manus* de trois manières, par la *confarreatio,* par la *coemptio,* par l'usage (1).

La confarreation était un mariage religieux, accompagné de rites symboliques et d'actes superstitieux. Les auspices consultés, en présence de son père ou de son tuteur, de dix témoins, du Grand Pontife et du Flamine-Dial, la jeune fille se plaçait sur une chaise jumelle près de son futur époux. Sa coiffure était en forme de tour, comme celle des Vestales, et entremêlée de marjolaine en fleur: un *flammeum,* voile de flamme jaunâtre, lui cachait le visage et sa tunique blanche était nouée par une ceinture de laine de brebis. Le prêtre de Jupiter lui prenait la main droite et la mettant dans celle du fiancé il

____

(1) GAïus, 1. 110.

déclarait que désormais, femme, elle entrerait dans les biens de son mari et dans ses choses sacrées. Après ces paroles sacramentelles il offrait un sacrifice à *Juno lucina* et rompant un gâteau fait de fleur de farine, d'eau et de sel, il en donnait à goûter aux deux époux. C'était là l'offrande du *panis farreus,* la confarreation, « sorte d'agape, dit M. Michelet, véritable communion, où l'homme et la femme, comme frère et sœur, participaient ensemble aux dons de la nature (1).» Ensuite venaient les cérémonies de la tradition : précédée des statues de *Jugatinus,* de *Domiducus,* de *Domicius,* et de *Manturna,* divinités protectrices des mariages, la jeune épouse s'avançait vers la demeure nuptiale. Arrivée sur le seuil, son mari l'arrêtait : qui es-tu, lui disait-il? — Ce à quoi elle répondait : *Ubi tu Gaïus, ego Gaia,* là où tu seras Gaïus, je serai Gaïa. Elle avait apporté un fuseau et une quenouille et elle entourait de bandelettes de laine la porte de son époux. Puis on la soulevait et elle passait le seuil sans le toucher, car c'eût été profaner la déesse de la virginité, Vesta, auquel il était consacré. Enfin on la faisait asseoir sur une toison et c'est ainsi qu'elle prenait possession de la maison conjugale (2).

Telle était l'union sacerdotale avec ses cérémonies longues et difficiles, qu'un coup de tonnerre, un présage néfaste pouvaient rompre et qu'alors il fallait recommencer. Là on reconnaît l'élément théocratique, l'élément

(1) Michelet. *Orig. du dr. fr.* Introd., p. xv.

(2) Voir pour tous les détails de la confarreation, Gaïus 1, 112; *Serv. in Æneid.* IV, v. 29; Terent. Andr. 1. 6. v. 60; Denys 11. 25; Plutarq. *Quest. rom.,* p. 102; Michelet, *Orig. du dr. fr.,* p. 20; Ch. Dezobry, *Rome au s. d'Aug.,* T. III, p. 6, 7 et 10.

étrusque ; c'était le mariage des patriciens, qui le regardaient comme un de leurs priviléges, et qui, seuls initiés aux mystères de la religion, seuls augures, seuls pontifes, surent toujours le défendre contre les envahissements et l'interdire à quiconque n'était pas de leur caste.

A côté de l'élément étrusque et théocratique l'élément sabin et guerrier ; à côté du mariage sacerdotal le mariage héroïque, le mariage par achat, la *coemptio*. A l'origine de toute civilisation, chez toutes les peuplades belliqueuses la femme est enlevée ou vendue : « Nos ancêtres, dit Aristote, étaient d'une barbarie et d'une simplicité choquantes, les Grecs pendant longtemps n'ont marché qu'en armes et se vendaient leurs femmes (1). » Pour Homère les vierges sont des αλφεσιβοιαι, des êtres qui rapportent des bœufs à leurs parents. Plus tard ces mœurs reparurent avec les Germains ; cette dot dont parle Tacite (2), ces bœufs, ce cheval bardé, ces armes, ces présents agréés par le père ne sont en réalité que le prix d'achat, et ce n'est pas à la femme qu'ils sont offerts, mais à celui qui la tient sous sa puissance, sous le *mund,* comme compensation de ce même *mundium* qui passe au mari. « Que celui qui prend femme, portait la loi des Saxons, donne aux parents trois cents *solidi.* » A Rome la vente, d'abord réelle, devient fictive et ne sert plus qu'à libérer la fille de la puissance de son *Pater familias* pour la mettre sous la main de son mari. Ici se représentent toutes les formes de la mancipation, la balance, le libripens et les cinq témoins. Seulement la femme consent, car pour les Romains, pas de

(1) Aristot. *Polit.,* 2, c. 5.
(2) Tacit., *Mor. germ.,* 18.

consentement, pas de mariage (1) : « femme, disait l'acheteur, veux-tu être ma mère de famille? — je le veux, répondait-elle; — puis interrogeant l'homme à son tour : homme, veux-tu être mon père de famille? — je le veux; et il prononçait sans doute la formule solennelle de la vente : « Je dis que cette femme est à moi d'après le droit des Quirites, car je l'ai achetée par l'airain et la balance d'airain. » Alors on séparait les cheveux de la mariée avec le fer d'un javelot; puis celle-ci allant vers la demeure conjugale portait trois as, l'un à la main pour donner à l'époux, l'autre dans sa chaussure pour les dieux lares, quant au troisième elle le déposait sur l'autel du premier carrefour pour acheter l'entrée de la maison (2).

Si ces cérémonies n'avaient pas accompagné les justes noces, la puissance maritale ne pouvait être acquise que par l'usage, c'est-à-dire par la possession d'une année. Livrée en quelque sorte comme une chose mobilière et *mancipi*, mais sans l'intervention d'un des modes légitimes d'acquisition, la femme entrait dans les biens de son mari, *in bonis*, et l'usucapion transformait l'*in bonis* en domaine quiritaire. Toutefois il fallait que la possession n'eût pas été interrompue, et pour échapper à la manus, la femme n'avait chaque année qu'à s'éloigner trois nuits, *usurpatum ire trinoctio* (3).

---

(1) Il est fort probable que dans une haute antiquité la femme n'était pas appelée à donner son consentement, et il dut en être ainsi tant que la vente fut réelle, tant que la femme ne fut rien qu'une chose; mais le progrès de la civilisation ayant développé sa personnalité, son consentement fut exigé et la vente, n'ayant plus de raison d'être, dégénéra en fiction, en simple formalité juridique.

(2) MICHELET, *Origines*, p. 21.

(3) GAÏUS, 1. III.

Ainsi par la *confarreatio,* ou la *coemptio* ou l'*usus* la femme tombait en la puissance de son mari, ou du *Pater familias* de son mari, si celui-ci était lui-même en puissance. Si lors de son mariage elle avait été maîtresse d'elle-même, elle cessait de l'être et était absorbée avec ses biens et toute sa *domus.* Si à ce moment elle était *alieni juris,* elle sortait du pouvoir paternel de son père, quittait sa propre famille dans laquelle elle perdait tous ses droits d'agnation et délaissait ses anciens dieux domestiques ; mais en devenant la propriété de son mari elle devenait aussi son agnat et l'agnat de ses propres enfants, elle participait au culte de sa nouvelle famille, y acquérait les droits de succession, en un mot y prenait en quelque sorte le rang et les droits d'une fille (1). En cette qualité elle était soumise à la juridiction du tribunal domestique ; toutefois son mari ne pouvait la vendre, comme il l'eût fait d'un fils, sous peine d'être dévoué aux dieux infernaux (2) ; mais si commettant un adultère elle violait la foi conjugale, si elle buvait du vin, si elle contrefaisait les clefs confiées à sa garde, si elle empoisonnait ses enfants, son mari la mettait à mort impunément (3).

Cette puissance pouvait être éteinte sans qu'il y eût pour cela dissolution du mariage. La *manus* acquise par la *confarreatio* n'était détruite que par la *diffareatio,* cérémonie plus longue encore que la première et entourée de plus de difficultés, les pontifes ne se résolvant qu'avec peine à rompre le lien qu'ils avaient formé. Selon Plutarque (4), les

(1) Gaïus, 1. III.

(2) Niebuhr, *Hist. rom.* T. I, p. 324.

(3) Voir Pline, XIV. 13 ; Plut., *Romul.* vit. 22 ; Denys, 11, 25.

(4) Plut. *Quest. rom.* 2, 271.

rites de la diffaréation étaient lugubres et effrayants, ils exprimaient l'indignation céleste et avaient pour but d'en conjurer les effets.

De même que pour faire disparaître un pouvoir donné par la religion on employa des moyens religieux, de même on se servit de modes civils pour mettre fin à une puissance obtenue par la voie du droit commun. L'achat et l'usage avaient mis la femme dans le domaine de son mari, elle en sortait par la mancipation. Souvent à cette vente symbolique on ajoutait une clause de *fiducie*, afin que, rémancipée à son mari, puis affranchie par lui, la femme devînt sa pupille et non celle de l'acheteur fictif ; c'est ce qu'on appelait la *manus* ou mieux la coemption fiduciaire (1).

Le divorce, en rompant le mariage, détruisait par cela même la puissance maritale et, comme les modes précédents de dissolution, rendait la femme maîtresse d'elle-même, *sui juris*. Mais écrit dans la loi le divorce n'était pas dans les mœurs, et l'on cite Carvilius Ruga comme le premier qui se servit du *repudium ;* encore y fut-il contraint par les censeurs, sa femme était stérile (VI\u1d49 siècle de Rome). Enfin la mort et les diminutions de tête ou enlevaient la puissance ou la transportaient en d'autres mains.

Tel était le droit ; mais à ses rigueurs se mêlaient des dispositions pleines de sollicitude. Chez aucun peuple de l'antiquité les femmes ne furent plus entourées de respect que dans la Rome primitive. Les historiens racontent que Romulus, pour récompenser les Sabines de leur dévouement, leur accorda des honneurs ainsi qu'à l'ordre entier des matrones. Elles furent dispensées des travaux domesti-

____

(1) Gaïus, 1. 114, 115 ; Ulp. reg. 11, § 5.

ques, sauf de filer et de tisser la laine. Tout homme qui rencontrait une matrone était obligé de lui faire place, et quiconque offensait sa pudeur par des paroles deshonnêtes, ou offrait à ses regards des objets indécents, était puni de mort (1). Ce fut au contraire l'adoucissement des lois et la trop grande liberté, que plus tard on accorda aux femmes, qui furent cause du déréglement de leurs mœurs et de la perte qu'elles firent de l'estime et de la considération publiques ; en même temps que la *manus* commencèrent à disparaître la vieille famille romaine et son ordre admirable.

Nous connaissons la puissance du chef sur les membres de sa famille, enfants et femme ; nous allons la voir s'exerçant sur les membres de sa maison, absolue sur les esclaves, plus ou moins tempérée sur diverses classes d'hommes libres : sur ceux qui *in mancipio* sont dans une condition presque semblable à celle des esclaves, sur les affranchis, sur les clients, sur les colons.

CHAPITRE V.

De la puissance dominicale. — Esclaves. — Hommes libres. — Nexi. — Addicti.

Chez les anciens l'esclavage était une institution du droit des gens. A l'origine, l'esclave n'était autre chose que le prisonnier de guerre, l'ennemi sur lequel on a mis la main, *manu captus, mancipium*, qu'on a sauvé de la mort, *servus,*

(1) Niebuhr, *His. rom.* 1, p. 324.

servatus, et qui dès lors devient la propriété de celui qui lui a laissé la vie.

Puis la naissance à son tour fut une cause d'esclavage. On sait qu'en dehors des justes noces tout enfant suivait la condition de sa mère à l'époque même de l'enfantement, aussi tous les enfants d'une femme esclave étaient-ils esclaves comme elle, ils appartenaient à son maître et nés dans la maison portaient le nom de *vernæ.*

Enfin dans la cité même l'homme libre pouvait être réduit en servitude. Le droit civil frappait de l'esclavage comme d'une peine le voleur manifeste (1), le débiteur insolvable et le citoyen qui, pour se soustraire à l'impôt ou au service militaire, négligeait de se faire inscrire sur les tables du Cens (2).

Quelle que fût leur origine, quelles que fussent les causes de leur servitude, les esclaves étaient égaux entre eux et dans leur condition il n'y avait nulle différence. Sans doute l'un était précepteur des enfants du maître (*pedagogus, educator*) ; l'autre intendant (*actor*) ; celui-ci comédien (*comœdus*) ; celui-là soumis aux travaux les plus rudes, enchaîné (*compeditus*). Quelques-uns même donnés par le maître à d'autres esclaves étaient obligés de les servir comme s'ils leur appartenaient et pour ce motif étaient nommés esclaves vicaires, *servi vicarii.* Mais toutes ces différences de fait créées par le maître disparaissaient à son moindre caprice, à sa volonté il pouvait renvoyer le lettré aux champs, substituer le vicaire à l'esclave ordinaire, le travailleur au surveillant, car tous pour lui n'étaient que des

(1) Gaïus, 3, 189.
(2) *Dig.* 49, 16. 4, 10.

choses, son bien, sa propriété. Sur eux, il avait droit de vie et de mort, il pouvait les battre de verges et les mettre à la torture. Les fruits de leur travail et de leur industrie, les dons, les legs qu'ils recevaient, le pécule qu'il leur laissait étaient à lui ; instituer héritier un de ses esclaves c'était l'instituer lui-même. Mais dès que l'esclave n'était plus apte à rendre service on le vendait : « Que le père de famille, disait Caton le censeur, vende les vieux chariots, les vieux fers, l'esclave vieux, l'esclave malade et tout ce qui peut être vendu, il faut que le père de famille soit vendeur, non acheteur (1). » Toutefois ces rigueurs étaient souvent adoucies, les esclaves nés dans la famille en faisaient en quelque sorte partie, le verna prenait part et ajoutait au bien-être de la famille : *Positos que vernas ditis examen domus, circa renidentes lares* (2). Au dire de Plutarque, la première femme de ce même Caton, dont nous venons de citer un mot si cruel, nourrissait son fils de son lait et donnait le sein aux enfants de ses esclaves, afin que nourris du même lait, ils conçussent pour son fils une bienveillance naturelle (3). Mais ces soins mêmes étaient dictés par l'intérêt qu'un propriétaire apporte à la conservation de sa chose, et d'ailleurs les maîtres eussent-ils joui de leur puissance avec modération, qu'on n'en saurait faire honneur à la législation de cette époque ; on ne trouve dans la loi aucune parole de pitié et de commisération, tout y est envers l'esclave d'une extrême barbarie. Dans la société générale ils n'ont pas de personne, dans l'ordre privé ils n'existent

(1) Cato, *De r. r.*
(2) Horat., *Epod.*
(3) Plut. V. *Cat.* c. XXIX.

pas : « *Quod attinet ad jus civile servi pro nullis habentur : servitutem mortalitati fere comparamus* (1) ; pour les autres hommes ils sont morts, Ulpien le dit. Incapables d'exercer aucune fonction ils ne peuvent être ni juges,.ni arbitres, ni témoins dans un testament, et si dans une cause criminelle on les appelle en témoignage, c'est qu'on n'a pas d'autre moyen de découvrir la vérité (2). Ils n'ont pas de famille, leur mariage est un accouplement, *contubernium,* une union d'un moment, et c'est une question de savoir si les enfants d'une femme esclave ne sont pas des fruits (3), comme les agneaux, les poulains, les pourceaux, et si en cette qualité ils ne doivent pas appartenir à l'usufruitier plutôt qu'au nu-propriétaire.

La mort seule ou l'affranchissement mettaient fin à cette misérable condition, mais non la mort du maître ; car partie intégrante de son hérédité l'esclave passait avec elle entre les mains de celui qui en faisait adition. Cependant le testament lui accordait parfois la liberté, quelquefois même l'instituait héritier ; mais loin que cette dernière disposition fût une faveur, elle n'était la plupart du temps qu'une lourde charge : car si le maître était mort insolvable, l'esclave héritier nécessaire ne pouvait répudier l'héridité et, poursuivi jusque sur les biens qu'il pouvait acquérir dans la suite et même sur sa personne, il assumait sur sa tête toute la honte et toute l'ignominie, que l'insolvabilité aurait fait encourir au défunt.

Dans la maison, à côté des esclaves, dans une condition

(1) *Dig.* 50. 17. 32 et 209. Ulp.

(2) *Dig.* 22. 5. 7. Modest.

(3) Cicer. *De fin. bon. et mal.* 1, c. 6. Voir la solution donnée par les Instituts, II. 1. 37.

analogue à la leur (1), sous la même puissance, se trouvent les hommes et les femmes libres *in mancipio*. Ce sont des débiteurs insolvables qui se donnent en paiement à leur créancier, *nexi*, et qu'il importe surtout de ne pas confondre avec les *addicti*.

Le sort de ces derniers était bien plus affreux, car au lieu d'apaiser leur créancier en se livrant à lui, ils s'étaient laissé traîner en justice et adjuger, d'où leur nom d'addicti. Mais écoutons la loi des Douze-Tables, ce chant terrible, *lex horrendi carminis*, comme dit Tite-Live : « Qu'on l'appelle en justice. S'il n'y va, prends des témoins, contrains-le. S'il diffère et veut lever le pied, met la main sur lui. Si l'âge ou la maladie l'empêchent de comparaître, fournis un cheval, mais point de litière. — Que le riche réponde pour le riche ; pour le prolétaire qui voudra. — La dette avouée, l'affaire jugée, trente jours de délai. Puis qu'on mette la main sur lui, qu'on le mène au juge. — Le coucher du soleil ferme le tribunal. — S'il ne satisfait au jugement, si personne ne répond pour lui, le créancier l'emmènera et l'attachera avec des courroies ou avec des chaînes qui pèseront quinze livres au plus ; moins de quinze livres, si le créancier le veut (2). » Ainsi, le débiteur, qui avait été condamné ou qui avait avoué sa dette devant le magistrat, avait un délai de trente jours pour chercher à s'acquitter ; ces trente jours étaient appelés *justi*, parce qu'ils constituaient un armistice légal, *justitium* (3). Ce premier délai expiré, le créancier citait son débiteur devant le magistrat et exerçait contre lui l'action

(1) *Servorum loco constituntur*. Gaïus, I. 123.
(2) L. XII *Tab.* T. 1, 2. 3.
(3) Festus. v° *Fusti*.

judicati per manus injectionem (1). Alors, selon M. Bonjean, « de deux choses l'une : si le débiteur payait ou s'il trouvait un *vindex* qui consentît à se charger de son affaire, il était libéré envers son créancier qui n'avait plus de droits que contre le *vindex*; si, au contraire, le débiteur ne pouvait ni payer, ni fournir un *vindex*, le préteur l'adjugeait (*addicebat*) au créancier, qui l'emmenait dans sa maison où il le tenait enchaîné (2). » Voilà le débiteur *addictus*, il n'est pas encore esclave, *servus*, il n'est qu'*in servitute*, car de droit il est libre. Revenons aux Douze-Tables : « Que le prisonnier vive du sien ; sinon, donnez-lui une livre de farine ou plus à votre volonté. — S'il ne s'arrange point, tenez-le dans les liens soixante jours ; cependant produisez-le en justice par trois jours de marchés, et là publiez à combien se monte la dette (3). » A l'expiration du délai de soixante jours, si aucune caution ne se présente, l'addictus devient esclave de droit et est vendu au delà du Tibre *peregre trans Tiberim* (4), ou bien : « au troisième jour de marché, s'il y a plusieurs créanciers, qu'ils coupent le corps du débiteur. S'ils coupent plus ou moins, qu'ils n'en soient pas responsables (5). »

(1) Dans la suite, plusieurs lois étendirent cette action à des cas où il n'y avait pas eu condamnation, et alors on agissait comme si une condamnation avait été prononcée, ce fut la *manus injectio pro judicato.* Tel fut le cas où le débiteur cautionné par un *sponsor* ne le payait pas dans le délai de six mois; la loi *Publilia* donnait contre lui la *manus injectio pro judicato.* V. BONJEAN. *Tr. des actions,* I. p. 399.

(2) BONJEAN, I. p. 401.

(3) *Douze-Tab.,* T. 3.

(4) AULU-GELLE, *Noct. attic.* XX. 1.

(5) *Douze-Tab.,* T. 3.

Bien préférable était la condition du *nexus*, de celui qui avait mancipé au créancier sa propre personne, sa famille et ses biens, sous clause de fiducie, c'est-à-dire, avec pouvoir de se dégager s'il payait à l'échéance. Car, tandis que l'*addictus*, quoique n'étant pas encore esclave de droit, est traité comme tel et ne peut faire partie de l'armée qu'en cas de nécessité absolue, le *nexus*, bien qu'esclave de droit, jouit jusqu'à l'échéance de la liberté de fait et peut être appelé sous les drapeaux (1). Toutefois, par le fait de sa mancipation volontaire, le *nexus* subissait la petite diminution de tête, tandis que l'*addictus* n'était pas encore *capite deminutus* (2); le *nexus* entraînait avec lui sa famille et ses biens, l'*addictus*, au contraire, passait seul en la puissance du maître ; le *nexus* libéré était presque dans la position d'un affranchi (*quasi libertus*) à l'égard du créancier qui, en sa qualité de manumisseur, acquérait sur lui les droits d'un patron, l'*addictus* restait complétement ingénu (3). Enfin, à défaut de paiement à l'époque convenue le créancier revendiquait le *nexus*, s'en faisait adjuger la possession et, acquérant sur lui le domaine quiritaire par l'usucapion, finissait par le détenir comme un véritable esclave (4).

Sous le *mancipium* du maître sont aussi les enfants vendus par leur père ou abandonnés par lui en réparation du dommage qu'ils ont causé, *noxali causa*, dit Gaïus. Dès lors ils sont privés de l'exercice des droits politiques, et par

(1) Tite-Live, II. 24 ; *Val. Mac.* VII. 6. 1.
(2) Festus. V. *Deminutus.*
(3) Quintil. *Instit. orat.* VII. 3.
(4) Gaïus, II. 204.

conséquent incapables de voter dans les assemblées du peuple, de figurer comme juges ou témoins testamentaires (1). Pas plus que les esclaves ils ne peuvent être adstipulateurs, et tout ce qu'ils acquièrent appartient à leur maître (2). Cependant, inférieure à celle du fils demeuré sous la puissance paternelle, la position du mancipé est plus favorable que celle du *servus*. Il n'est pas seul, isolé dans la société ; ses relations avec son ancienne famille ne sont pas entièrement rompues, affranchi il retombe sous la puissance de son père, son mariage continue d'être véritable et légal, toutefois les enfants qu'il procrée pendant la durée du *mancipium*, deviennent la propriété de son maître. Plus tard le droit changera ; conçus dans l'intervalle des deux premières mancipations, les enfants viendront au pouvoir de leur aïeul ; mais leur conception coïncidant avec l'époque de la troisième vente, leur état reste en suspens jusqu'à l'affranchissement de leur père, qui alors prendra sur eux la puissance paternelle (3). Bien plus, le mancipé garde sa qualité d'homme libre ; vient-il

(1) Cela résulte du silence d'Ulpien, qui, énumérant les différents cas où le fils peut être témoin testamentaire, omet celui où il se trouve *in mancipio. Reg.* 20. 3-6. Quant à la suspension des droits politiques, nous avons adopté l'opinion de M. de Savigny. *Tr. de droit rom.*, T. II, p. 50, éd. fr., et nous répondrons à l'argument tiré des L. V, § 2 et 6 de *cap. min. Dig.* 4. 5, qu'à l'époque des *XII Tables* la vente étant réelle, il était presque impossible que les droits politiques fussent conservés, qu'il en fut sans doute autrement quand la vente devint fictive, et que c'est à cette nouvelle époque qu'il faut rapporter les lois dont il s'agit.

(2) Gaïus, III. 144.

(3) Gaïus, I. 135. Le droit primitif était encore en vigueur au temps de Labéon, il fut modifié lorsque le *mancipium* devint fictif.

à être affranchi, il n'en est pas moins ingénu, digne de porter l'anneau d'or, quoique son manumisseur obtienne sur lui les droits d'un patron.

Tel était le mancipium, qui de puissance d'abord effective, car l'acquéreur tenant l'enfant comme la représentation du prix qu'il avait versé tâchait nécessairement d'en tirer tous les profits imaginables, devint bientôt une puissance purement nominale, dès que la vente cessa d'être réelle et ne servit plus qu'à éteindre le pouvoir du chef de famille. Alors ce fut un état mixte, un état de transition, où le fils était soumis à une autorité plus despotique que celle de son père, à une sorte d'esclavage, pour renaître ensuite à plus de liberté. Et l'on peut affirmer qu'à partir de ce moment tout mancipium fut suivi d'un affranchissement, sauf dans le cas de l'abandon noxal, qui lui-même disparut à son tour.

Nous connaissons déjà les formes de la mancipation, nous allons décrire rapidement celles de la manumission, commune aux hommes libres *in mancipio* et aux esclaves, et qui servait à les soustraire les uns et les autres à la puissance dominicale.

CHAPITRE VI.

Les affranchis. — Les statu-liberi.

La main est le signe de la puissance ; sous la main sont les femmes, les hommes libres, les esclaves ; c'est de la main et par la main qu'ils sont délivrés, *mancipatio* pour les enfants, *manumissio* pour les hommes libres et les esclaves. « La manumission, disent les Instituts, est le don de la liberté. Cette institution vient du droit des gens, car lorsque le droit des gens eut introduit la servitude, à la suite vint le bienfait de la manumission (1). » Les affranchis, *libertini* par rapport à la société, *liberti* par rapport au patron, sont ceux qui sont libérés par manumission d'une juste servitude, *ex justa servitute* (2). En effet, la première condition pour qu'un homme sorti de la servitude devînt affranchi, c'est que l'esclavage eût été réel et de droit, sinon la manumission n'aurait pas nui à sa liberté. Ainsi celui qui, pris en bas âge par des pirates et vendu par eux, vient plus tard à connaître sa qualité d'homme libre, peut la faire judiciairement proclamer en intentant la *causa liberalis* (3). Il le peut, quelque temps qu'ait duré son esclavage, ses enfants, ses ascendants, ses autres parents mêmes le peuvent malgré lui, et dans tous les cas il sera déclaré ingénu. Bien plus, affranchi par son maître, si après la manumission il reconnaît son état, il fera déclarer son ingénuité (4) ; mais son action ne dure que cinq ans à partir de l'affranchissement (5) ; dans la suite seulement Justinien la rendra perpétuelle (6).

L'esclave affranchi devenait citoyen romain. Dès lors, dit M. Ortolan, « trois parties étaient intéressées : le maî- » tre qui perdait sa puissance, l'esclave qui changeait de

(1) *Inst.* I. V. princ.
(2) *Inst.* ib.
(3) *Dig.* 40. 12 et 13.
(4) *Dig.* 40. 14.
(5) *Dig.* 40. 14. 2. § 1.
(6) *Cod.* 3. 22. 6.

» condition et la cité qui le recevait dans son sein comme
» un de ses membres. Ces trois parties devaient donc in-
» tervenir dans l'acte. Aussi la volonté seule du maître ne
» suffisait pas pour opérer l'affranchissement, la cité y
» concourait toujours : représentée par le censeur dans
» l'affranchissement par le cens ; par le peuple lui-même
» réuni en comices dans l'affranchissement par testament ;
» par le magistrat dans l'affranchissement par la vin-
» dicte (1). » C'était là les trois modes primitifs, les modes
solennels de manumission.

Lors du recensement, l'esclave qu'on voulait libérer, le
maître qui renonçait à sa puissance comparaissaient devant le censeur, qui inscrivait l'esclave sur les tables du
cens au nombre des citoyens romains.

Ou bien le maître et l'esclave se présentaient devant le
magistrat, consul ou préteur, et alors commençait une
représentation fictive de la *liberalis causa*. Un ami ou un
licteur jouant le rôle de demandeur (*adsertor libertatis*),
tenant une baguette (*festura, vindicta*) image de la lance,
symbole sabin de la propriété, en touchait l'esclave et en-
gageant pour lui un combat simulé soutenait qu'il était
libre et vendiquait sa liberté. Le maître ne contestait pas,
et le magistrat prononçant la sentence déclarait l'homme
qu'on lui présentait, libre selon le droit des Quirites (2).

Ou bien devant le peuple assemblé (*calatis comitiis*),
devant l'armée rangée en bataille (*in procinctu*), le maître

(1) Ortolan *Inst.* I. p. 159.

(2) La *causa liberalis*, dont l'affranchissement par la vindicte n'est
qu'un simulacre, n'est elle-même qu'une des formes de l'*actio sacra-
menti*.

faisant son testament, léguait la liberté à son esclave et, les comices ratifiant, sa volonté devenait une loi. Ici l'esclave n'intervenait pas comme dans les deux précédentes solennités ; celles-ci le faisaient libre sur-le-champ, par le testament au contraire il n'acquérait qu'un droit éventuel soumis à la condition du décès du testateur, à l'existence de l'héritier, à son adition de l'hérédité. De plus l'affranchissement pouvait être subordonné à l'accomplissement d'une condition, à l'échéance d'un terme (*sub conditione, a die*), mais jamais le don de la liberté ne pouvait être limité à une certaine durée (*ad diem*) (1) ; l'esclave ainsi affranchi : *que Pamphile soit libre pendant dix ans*, l'eût été pour toujours. La raison en est, dit M. Ortolan, « que » la qualité d'homme libre et de citoyen ne peut s'acqué- » rir pour un moment et se perdre sans un motif posté- » rieur (2). » Bientôt le testament *calatis comitiis* disparut avec ses formes gênantes pour faire place à la vente de l'hérédité, au testament *per æs et libram*, qui au lieu de l'intervention du peuple n'exigea plus que la présence des cinq témoins pubères et citoyens romains. En même temps s'introduisit l'usage des fideicommis ; on légua la liberté directement : *que mon esclave Saccus soit libre*, ou bien on s'en rapporta à la bonne foi de l'héritier, de l'*emptor familiæ*, en lui disant : *Je vous prie d'affranchir mon esclave, je me confie à vous pour tirer de la servitude Stichus l'esclave de mon voisin* (3). Entre ces deux modes les différences étaient grandes. Tandis que le testateur ne

(1) *Dig.* 40. 4. 33 et 34. Ulp.
(2) Ortolan. *Inst.* T. 1. p. 163.
(3) Ulp. *reg.* 2. 7.

peut donner la liberté directe qu'à son esclave, il peut léguer la liberté fidéicommissaire même à l'esclave d'autrui (1), que son héritier est chargé d'acheter et d'affranchir. Par la manumission directe, l'esclave était libre de plein droit, affranchi du défunt il portait le nom de *libertus orcinus*, son patron étant chez les morts (*ad orca*), et devait à la famille de ce dernier les devoirs qu'il eût rendus à celui-ci même. Par la manumission fidéicommissaire l'esclave au contraire ne devenait libre que du moment où l'héritier ou la personne chargée du fidéicommis l'affranchissait, et c'était le manumisseur qui acquérait les droits du patron (2). Du reste à l'époque où nous sommes ces dispositions confiées à la loyauté de l'héritier étaient sans nulle force juridique ; il en fut ainsi jusqu'au temps d'Auguste, qui les sanctionna et créa pour connaître des contestations qu'elles pourraient soulever une juridiction extraordinaire (*extra ordinem*), le *prœtor fideicommissarius* (3).

Ainsi affranchi par le Cens, par la vindicte, ou par testament, l'esclave est libre désormais et de plus citoyen romain. Mais son ancienne servitude le marque pour toujours d'un stigmate ineffaçable et le sépare à jamais de l'ingénu, de celui qui depuis sa naissance est libre. A Rome les mœurs avaient fait des affranchis une classe à part. Ils ne craignaient pas de se livrer aux occupations méprisées des ingénus, de diriger un commerce, un navire, de tenir une boutique, d'exercer des métiers divers ;

(1) *Dig.* 40. 2. 8. Ulp.
(2) Ulp. *reg.* 2. 8.
(3) Ulp, *reg.* 25. 12.

ils s'attachaient à la maison de leur patron, prenaient son nom et après l'avoir servi comme esclaves le servaient comme affranchis. Les lois aussi les avaient déshérités. Dans l'ordre politique, ils ne pouvaient aspirer à certaines dignités ; il leur était interdit de porter l'anneau d'or, marque distinctive des chevaliers et qui avait fini par devenir commune à tous les ingénus ; enfin ils n'avaient pas le connubium avec les patriciens. Dans l'ordre privé, la chose la plus caractérisque, selon M. Ortolan, « c'est que » l'affranchi en entrant parmi les hommes libres s'y trou » vait seul, sans famille civile, et cela devait nécessaire » ment changer pour lui toutes les règles de cette matière » comme celles sur la tutelle, sur les successions. Dans » cette position, les lois de concert avec les mœurs lui » avaient donné en quelque sorte pour famille celle du » patron (*patronus*), son père dans la liberté et dans la » cité, qui lui donnait son nom et envers qui il avait à » remplir plusieurs devoirs, dont la réunion formait pour » celui-ci ce qu'on nommait les droits de patronage (1). »

Ces droits de patronage (*jura patronatus*) étaient de trois sortes : *obsequia, operæ juratæ, jura in bonis.*

Par *obsequia* on entendait ces marques de respect, de reconnaissance, de piété, que la loi imposait aux affranchis et que les patrons étaient en droit d'exiger. Pour l'ancien esclave le patron est un père, la loi assimile l'affranchi au fils de famille et leur fait à tous deux la même prescription : *liberto et filio semper honesta et sancta persona patris ac patroni videri debet,* que pour le fils et l'affranchi la personne du père ou du patron soit

(1) Ortolan. *Inst.* I. p. 158.

loujours sacrée (1). Aussi l'affranchi ne peut appeler son patron en justice qu'avec la permission du magistrat; il ne peut jamais soit intenter contre lui une action infamante, soit exiger de lui au delà de ses facultés lorsqu'il l'a pour débiteur, mais il doit toujours lui laisser ce qui est indispensable pour vivre. Si le patron tombe dans l'indigence, dit Paul dans ses sentences, l'affranchi le doit nourrir à moins qu'il n'y ait contrat de donation fixe. Enfin celui qui se serait rendu coupable d'un attentat contre son patron, qui l'aurait insulté ou frappé, aurait été sévèrement puni et même dans certains cas condamné aux mines, serait redevenu esclave, mais seulement esclave de la peine (2).

Les *operæ juratæ* étaient certains services que le maître, au moment de l'affranchissement, stipulait de l'esclave et que celui-ci promettait sous la foi du serment. C'était des services d'artisan, des services manuels (*operæ fabriles*), que le patron pouvait louer à un tiers et convertir ainsi en une somme d'argent; ou bien des services plus intellectuels que matériels (*operæ officiales*), qui n'étaient dus qu'au patron et dont pour cette raison celui-ci ne pouvait transmettre la prestation à autrui (3).

Mais les droits les plus importants du patronage étaient les droits sur les biens, *jura in bonis*, ou mieux sur la succession des affranchis. Toutefois dans l'âge que nous étudions, ces droits ne devaient s'ouvrir que dans des cas très-limités, les Instituts nous l'apprennent : « Autrefois,

(1) *Dig.* 37. 15. 9. Ulp.

(2) Voir *Dig.* 2. 4. 4. Ulp.; *Inst.* 4. 6. 38; Paul. *Sent.* 11. XXXII; *Dig.* 37. 14. 1. Ulp.

(3) *Dig.* 38. 1.

» disent-ils, l'affranchi pouvait omettre son patron dans
» son testament; car la loi des Douze-Tables n'appelait le
» patron à l'hérédité de l'affranchi, qu'autant que ce der—
» nier était mort intestat et sans héritier sien. Ainsi lors
» même qu'il était mort intestat, s'il avait laissé un héri-
» tier sien, le patron n'avait aucun droit sur ses biens. »
Et Justinien ajoute en forme de critique : « A cela il n'y
» avait rien à reprendre si cet héritier sien était un enfant
» naturel; mais si c'était un fils adoptif, il y avait injustice
» évidente à dépouiller le patron de tout droit (1). »

Il résulte de ce texte que l'affranchi, comme tout citoyen, est maître de disposer de ses biens comme il l'entend, qu'il peut par testament dépouiller tant ses héritiers
siens que le patron et les enfants de celui-ci, qu'on peut
dire de lui, en un mot, ce qu'on dit de l'ingénu : *ut i legassit super pecunia tutela ve suæ rei, ita jus esto.*

Il en résulte encore que dans le cas de succession *ab
intestat* ceux qui arrivent les premiers sont les héritiers
siens de l'affranchi, tant ses enfants issus de justes noces (2),
que ses enfants adoptifs, que sa femme même s'il la possède *in manu* en qualité de fille. C'est à défaut de ces
héritiers que la succession échoit au patron ou à ses enfants, se divisant à l'égard de ces derniers, comme celle
des agnats, par têtes et non par souches : *ad liberos patro-
norum hereditas defuncti pertinet, ut in capita non in*

(1) *Inst.* III. VI. princ. trad. de M. Ortolan.

(2) Ce sont ces enfants légitimes que le texte appelle naturels parce
qu'ils sont nés du père. Ainsi, en droit, le mot enfant naturel a deux
acceptions; il signifie tantôt enfant légitime provenant d'un mariage, par
opposition au fils adoptif, tantôt enfant illégitime né hors des justes
noces.

4

stirpes dividatur (1), car il faut remarquer que le patron et ses enfants sont pour l'affranchi ce que sont les agnats pour les ingénus.

Quant à la succession de l'affranchie, elle tombait presque toujours entre les mains du patron; car en sa qualité de femme, l'affranchie ne pouvait, d'une part, avoir d'héritiers siens, et de l'autre, placée sous la tutelle perpétuelle de son patron, ne pouvait tester et conséquemment le dépouiller sans son autorisation.

A côté du droit de succession et comme corollaire le droit de tutelle. « D'après la même loi des Douze-Tables, » trouvons-nous encore dans les Instituts, la tutelle des » affranchis, hommes ou femmes, appartient aux patrons » ou à leurs enfants. On la nomme aussi tutelle légitime, » non pas qu'elle soit établie d'une manière expresse par » la loi, mais parce qu'elle est découlée de l'interprétation » de cette loi, comme si elle avait été introduite par le » texte même. En effet, de ce que la loi avait donné l'hérédité des affranchis, hommes ou femmes, morts intestats, » aux patrons et à leurs enfants, les anciens ont conclu » qu'elle voulait aussi leur donner la tutelle, puisque les » agnats, qu'elle appelle à l'hérédité, sont aussi ceux » qu'elle veut pour tuteurs d'après ce principe que le plus » souvent, là où est l'avantage de la succession, là doit être » aussi la charge de la tutelle. Nous disons le plus souvent, » parce que si c'est une femme qui affranchit l'esclave » impubère, elle est appelée à l'hérédité, et cependant un » autre prend la tutelle (2). » Ainsi la tutelle du patron

(1) Ulp. reg. 27. 4; Paul. *Sent.* 3. 2. § 3.
(2) *Inst.* I. XVII.

sur les esclaves affranchis est une tutelle légitime ; il en est de même de celle que la loi lui confère sur les enfants délivrés du mancipium. Toutefois, lorsque les mancipations cessèrent d'être sérieuses et ne furent plus entre les mains de l'ascendant ou du coemptionateur qu'un moyen d'émancipation, comme il n'y avait là qu'une fiction en dehors des prévisions de la loi des Douze-Tables, la tutelle ne fut plus considérée comme légitime. On l'appela fiduciaire, de la clause de fiducie qui accompagnait toujours ces opérations fictives soit pour obliger l'acquéreur à affranchir lui-même le fils ou la femme qui lui avaient été mancipés, soit pour l'obliger à les rémanciper au chef de famille, afin que ce fût celui-ci qui les affranchît. Ainsi l'acquéreur fictif, qui affranchit l'impubère, n'en est que le tuteur fiduciaire (1). Mais si l'affranchissement, par suite d'une rémancipation, était fait par le père de famille, ce dernier prenait le rang d'un tuteur légitime, car, dit Gaïus, en sa qualité de père, il ne doit pas lui être rendu moins d'honneur qu'aux patrons (2).

Tels sont les droits de patronage, droit au respect, droit au travail, droit à l'hérédité de l'affranchi, et, s'il est impubère, droit à sa tutelle. Les uns sont fondés sur la reconnaissance que le don de la liberté doit inspirer à l'esclave, les autres sur ce que n'ayant pas encore de famille civile le nouvel homme libre en trouve en quelque sorte une dans le patron qui lui sert de père, dans ses enfants qui sont pour lui comme des agnats. Mais l'affranchi peut se créer une nouvelle famille et dès lors n'être plus tenu

(1) Ulp. reg. II. 5 ; Gaïus 1. 166. 195.
(2) Gaïus 1, 172. 175.

qu'aux devoirs de respect et aux travaux qu'il a promis; après sa mort, ses enfants libres dès leur naissance et conséquemment ingénus hériteront de ses biens et ne seront plus liés à la maison du manumisseur que par les simples devoirs de la clientèle.

Au milieu des affranchis ou plutôt des esclaves vivaient les *statu liberi*. C'était des hommes libres par destination, qui devaient sortir de servitude et dont la liberté se trouvait suspendue par un terme ou une condition (1). Jusqu'à l'accomplissement de ces événements ils ne différaient guère des autres esclaves; le maître pouvait tirer d'eux tous les services, tous les fruits, il pouvait les vendre, les donner et les châtier. Les enfants de la femme *statu libera* étaient esclaves. Mais quelques changements de position qu'eût subis le *statu liber*, dans quelques mains qu'il eût passé et qu'il se trouvât par suite de vente, de donation ou de legs, son droit éventuel subsistait, et dès que le jour arrivait, dès que la condition s'accomplissait, il était libre. Dans la suite, quand les fidéicommis devinrent obligatoires, l'esclave affranchi de cette manière fut assimilé au statu libre; avec cette différence qu'il ne pouvait être vendu par l'héritier et qu'il avait en cas de vente une action pour se faire racheter, afin d'être affranchi par cet héritier même et non par un autre (2).

(1) *Dig*. 40. 7. 1. PAUL; ULP. reg. 2.
(2) *Dig*. 40. 5. 15. *Modest*.

CHAPITRE VII.

Les clients et les colons.

Les clients et les colons complétaient la maison du père de famille romain. Au temps où la commune commençait seulement à naître et où les membres des trois tribus primitives étaient les seuls vrais citoyens, les étrangers, qui voulaient vivre avec quelques droits dans la cité, se mettaient sous la protection de ces patriciens et encore même, s'il faut en croire une vieille narration rapportée par Denys d'Halicarnasse, les seuls Ramnès auraient eu à cette époque le privilége d'admettre des étrangers dans leur clientèle (1).

Lorsque ces étrangers n'exerçaient point de profession ou n'avaient point encore acquis de propriété, les patrons leur assignaient une habitation et deux arpens sur leurs terres labourables, non en toute propriété, mais à titre précaire et qu'ils pouvaient leur retirer, s'ils avaient à se plaindre d'eux (2). C'était là les colons. Clients et colons ne pouvaient sortir de leur condition, leurs devoirs et leurs droits passaient à leurs enfants, car la clientèle était héréditaire et se perpétuait de générations en générations. C'est ce qui fait que les descendants des affranchis, qui n'étaient eux-mêmes que des clients, étaient tenus à toutes les obligations qui résultaient de cette sorte de vasselage.

(1) Denys, II. 62. p. 123.
(2) Niebuhr, *Hist. rom.* T. II. p. 28.

Toutes ces personnes portaient le nom de famille du patron et le nom générique de la *gens* à laquelle il appartenait ; toutes participaient à son culte, à celui de la gens, toutes avaient le droit d'être ensevelies dans le tombeau de la famille.

Les devoirs généraux du client étaient de se montrer affectionné et obéissant envers son patron, de soutenir son honneur, de payer ses amendes, de l'aider à doter ses filles et à supporter dans l'intérêt public les charges honorifiques. Il devait aussi contribuer à fournir la rançon au cas où, soit le maître, soit l'un des siens, serait tombé au pouvoir de l'ennemi. Niebuhr va plus loin, il accorde au patron un droit à l'hérédité du client, si ce dernier mourait sans héritiers, et c'est là même qu'il voit l'origine de la succession des affranchis : « Ce droit, dit-il, se conserva quant » aux affranchis à l'égard desquels, sans doute, la puissance » du patron était fondée sur les prérogatives générales du » patronat (1). » Ainsi c'est comme patron plus encore que comme manumisseur, c'est comme protecteur dans la cité, comme père que le chef de famille a sur l'affranchi, sorte de client, les droits que nous lui connaissons. Sur ses clients, ses colons, ses affranchis, il a droit absolu de justice, il peut les condamner à mort ou à des peines moindres suivant la gravité des faits. « Si P. Mœvius, dit encore Nie- » buhr, put faire mettre à mort l'affranchi, qui avait » manqué au respect qu'il devait à sa maison, si l'on traita » cette action de sévérité juste et salutaire, nous en pour- » rions conclure que non-seulement le patron avait le droit » d'infliger à son client des peines plus légères dans les

(1) Niebuhr, II. 29.

» affaires qui le concernaient, mais encore qu'il connaissait
» des plaintes rendues par un voisin contre son affran-
» chi (1). »

Toutefois, il faut soigneusement distinguer les affranchis
des simples clients, c'est-à-dire, des descendants d'affranchis et des étrangers admis dans la clientèle. Les affranchis
étaient dans une dépendance plus complète du patron, qui
n'avait aucun devoir à remplir à leur égard. Des devoirs ré-
ciproques au contraire, liaient le patron et le client, ils ne
pouvaient s'appeler en justice, témoigner ou voter l'un contre l'autre dans les tribunaux. Bien plus, certaines obligations envers le client étaient imposées au patron et étaient
pour lui plus sacrées que celles qui l'attachaient à ses propres
parents (2) : il devait au client sa protection paternelle, son
secours en cas de besoin, il devait le défendre en justice,
l'instruire du droit civil et religieux. Le patron qui eut
gravement manqué à ses devoirs en maltraitant son client
aurait été dévoué aux dieux infernaux : *Patronus, si clienti
fraudem fecerit, sacer esto* (3). Cette disposition de la loi des
Douze-Tables ne se trouvait peut-être pas dans le droit
antérieur ; il est même probable que c'est une garantie nouvelle obtenue par la commune et destinée à mettre fin aux
vexations des patriciens et à leur tyrannie sur les clients.

(1) Niebuhr, T. II. p. 29 et 30.

(2) Aulu-Gelle, V. 13. XXII. Voir pour tout ce qui a rapport au
patronat Denys, II. 9. 10 p. 83-85.

(3) XII *Tab.*, T. VIII.

DEUXIÈME PARTIE.

LA PUISSANCE AU SECOND AGE DU DROIT.

CHAPITRE I.

La commune plébéienne. — Son extension. — Son influence sur le droit. — Aperçu rétrospectif sur la loi des XII Tables. — Nouvelles conquêtes des plébéiens. — Le Préteur. — Les prudents.

Dès l'époque des rois il était né au sein de la cité un élément nouveau, la commune ou plèbe, formée d'abord par l'accession d'isopolites et de clients tant d'origine libre qu'affranchis et dont l'obligation se trouvait éteinte soit par un rachat, soit par l'extinction de la gens de leurs patrons. Mais, selon la judicieuse remarque de Niebuhr, si cette commune fût demeurée seule, elle se serait peu tirée de l'obscurité; ce qui lui donna la force, ce fut l'établissement d'un territoire composé de villes latines et d'où sortit ce que le même historien appelle la véritable, la noble, la grande plèbe (1). Si ces villes étaient conservées, elles prenaient le titre de colonies, sinon leurs habitants étaient amenés à Rome, mais dans l'un et l'autre cas on leur accordait en partie les droits de la cité.

(1) Niebuhr, *Hist: rom.* II. *La commune.*

Toutefois jusqu'à Ancus Martius et Servius, ces nouveaux citoyens, plébéiens par opposition aux patriciens citoyens primitifs, ne formèrent pas un ordre politique et vécurent dans une condition analogue à celle qui plus tard fut faite aux citoyens sans suffrage. Ancus en leur assignant des demeures sur l'Aventin et en les groupant ainsi leur permit de compter leurs forces et créa, en face de la ville des fondateurs, une nouvelle ville, la ville plébéienne. Servius mit la dernière main à leur organisation en les répartissant dans quatre tribus urbaines et vingt-six régions rurales. On peut remarquer ici ce qui se passe chez tous les peuples où la royauté se trouve en présence d'une aristocratie puissante ; les rois hâtèrent le développement de la commune en lui accordant leurs faveurs, afin de s'en faire un appui contre les patriciens. C'est ce qui occasionna la révolution de l'an 510, révolution toute aristocratique, faite aussi bien contre la plèbe que contre la royauté. Mais les nobles ne parvinrent pas à écraser la commune qui, par sa résistance, conserva les droits acquis, et bientôt même devint dominante par son accroissement prodigieux.

L'extension de la commune eut une influence remarquable sur le développement du droit civil ; tout d'abord elle en provoqua la codification et la publicité. Jusque-là sans doute les plébéiens possédaient la liberté, la famille et les droits de la cité, sauf le *connubium*, sans doute ils participaient au *jus civile,* mais la législation leur était inconnue. C'était un ensemble de règles, de coutumes non écrites que retenait la caste patricienne, les dérobant soigneusement au vulgaire pour les interpréter à son gré et à son profit. Sitôt après s'être donné des tribuns, la plèbe arracha à ses antagonistes une loi unique, uniforme, commune aux deux ordres et la fit afficher au Forum sur douze tables d'airain.

L'unité dans la législation, la publicité du droit, tel ne fut pas le seul avantage que retirèrent les plébéiens de la promulgation des Douze-Tables ; cette loi leur concédait de nouvelles garanties en même temps qu'elle apportait déjà un adoucissement aux trop barbares dispositions du droit primitif. *Désormais ce que le peuple aura décidé en dernier lieu sera le droit fixe et la justice* (1). — *Plus de différences entre les individus, plus de priviléges* (2). — Le client est protégé contre son patron ; — la condition du *nexus* est réglée et, quoique encore misérable, est cependant bien supérieure à celle des anciens débiteurs livrés autrefois à la merci du créancier patricien. — Enfin, trois ventes successives délivrent le fils de la puissance paternelle.

Toutefois, les patriciens ne se laissèrent point dérober leur vieux droit sans protester ; tous leurs efforts tendirent à maintenir la plèbe bien loin d'eux en empêchant la fusion par une défense outrageante : Entre les deux ordres pas de mariages. Mais six ans après la promulgation du nouveau Code cette prohibition disparaissait devant la loi *Canuleia*, qui accordait le *connubium* à tous les citoyens sans aucune distinction de caste. Le *nexum*, à son tour, ne tarda pas à être aboli, ce fut l'œuvre de la loi *Petilia*, rendue l'an de Rome 428. Ces conquêtes du peuple produisi-

____

(1) Tite-Live, VII. 17. In XII tabulis legem esse, ut quodcumque postremum populus jussisset, id jus ratumque esset.

(2) Vetant XII tabulæ leges privis hominibus irrogari. Cicer. pro dom. c. 17.

rent un effet presque immédiat sur le droit, surtout en ce qui concernait la famille : la puissance du chef s'en trouva amoindrie. Les mariages entre plébéiens et patriciens se multipliant de jour en jour, la confarréation tomba en désuétude, et même les autres modes commencèrent à devenir moins fréquents, car la caste aristocratique ne voulut pas admettre la plèbe à la participation de ses rites religieux, et les femmes de cet ordre se soucièrent peu de tomber en la puissance d'un *Pater familias* plébéien. Par la suppression du *nexum,* le pouvoir dominical fut atteint; la loi *Petilia* enlevait en effet à la maison une de ses parties les plus importantes, elle faisait disparaître tout d'un coup une des deux classes d'hommes libres *in mancipio.*

Là ne s'arrêtèrent pas les efforts des plébéiens. Dès l'an de Rome 387 ils purent arriver au consulat; aussitôt les patriciens le démembrèrent et créèrent la préture, magistrature curule, qu'ils se réservèrent. Trente ans après ils se la laissaient arracher, et dès lors la plèbe exerçant de concert avec eux les pouvoirs judiciaires, ils virent tomber une à une les antiques institutions du droit. Sans doute, ces changements ne s'accomplirent pas tout d'un coup ; sans doute le préteur ne renversa pas brutalement l'édifice du législateur, mais peu à peu par ses édits annuels il introduisit des principes tout nouveaux, rapprochés de l'équité et des lois naturelles, et ainsi à côté du droit civil s'éleva le droit prétorien destiné à l'aider, à le compléter, enfin à le corriger, *adjuvandi, vel supplendi, vel corrigendi juris civilis gratia* (1). Le droit civil demeura comme une relique des temps passés, vénéré mais délaissé de tous, et

_____

(1) *Dig.,* 1. 1. 7. 1. Papin.

tous se soumirent avec empressement au droit nouveau inauguré par le préteur.

La victoire de la cité plébéienne sur la vieille cité aristocratique et sacerdotale n'avait pas été la seule cause de cette transformation. Les conquêtes de Rome, ses relations avec la Grèce avaient modifié son esprit et ses mœurs, elle commençait à se départir de sa rigueur et à se dépouiller de sa rudesse primitive ; elle s'assimila, et ce fut une des causes de sa force, ce qu'il y avait de meilleur dans les institutions des peuples vaincus. Les étrangers affluèrent à Rome, et comme ils ne participaient pas encore au droit des *Quirites*, que d'un autre côté leur contact journalier et sans cesse croissant amenait de fréquents rapports de droit entre eux et les citoyens, il devint nécessaire de créer une nouvelle juridiction ; à côté du préteur urbain chargé de dire le droit entre les citoyens on institua le *prœtor peregrinus*, qui connut des contestations qu'ils pouvaient avoir avec les étrangers et, par conséquent, ne put suivre que les règles du droit des gens et celles du droit naturel. Cette nouvelle jurisprudence ne laissa pas d'exercer une grande influence sur les édits du préteur urbain ; elle acquit même une telle autorité, qu'il ne fut pas rare de voir les Romains eux-mêmes délaisser le tribunal du préteur de la ville pour aller soumettre à son collègue la connaissance de leurs différends.

Aux édits des préteurs se joignirent les réponses des prudents, qui concoururent dans une large part au développement et au progrès de la législation. Ces prudents, nous l'avons vu, étaient d'abord les patriciens, qui, seuls initiés aux mystères du droit civil, des actions et des fastes, assis dans leur *atrium*, entourés de leurs clients, donnaient à ceux qui venaient les consulter leurs conseils ou leurs réponses, écoutés comme des oracles. « La jurisprudence, » dit M. Ortolan, était alors un monopole patricien que la » caste privilégiée retenait en elle et sous le secret. Mais, » après la promulgation des Douze-Tables, après la divul- » gation des fastes et des actions, après surtout l'égalité » politique progressivement conquise par les plébéiens, on » sortit de ce mystère ; une initiation patiente, ouverte à » tous, succéda à ces réponses oraculaires (1). » Dès lors la commune fournit aussi des jurisconsultes ou prudents qui se mirent à répondre sur le droit et à l'enseigner pu- bliquement. Leurs efforts tendirent nécessairement à dé- pouiller la loi de ses formes systématiques, à donner des moyens détournés d'échapper à ses rigueurs et à établir une jurisprudence plus conforme à l'équité. Toutefois, le crédit ou la réputation de leur auteur fut longtemps l'uni- que force de ces réponses, et ce fut seulement sous les empereurs et à partir des constitutions d'Adrien et de Théodose qu'elles devinrent une des sources positives du droit (2).

CHAPITRE II.

Hérédité prétorienne. — Changements divers introduits dans la famille et dans la maison.

A la suite de ces révolutions, la constitution essentielle de la famille n'avait pas été atteinte, mais déjà des modi-

(1) ORTOLAN, T. I, p. 144.
(2) GAïus, 1. 7 ; *Cod. Theod.* De responsis prudentum.

fications importantes avaient été apportées à son organisation, et cela est surtout sensible en ce qui touche l'ordre
des successions soit testamentaires, soit ab intestat.

D'après les Douze-Tables l'hérédité ab intestat était déférée aux héritiers siens, à leur défaut aux agnats, enfin aux
gentils. Au nombre des héritiers siens se trouvaient seulement les enfants qui au décès du chef étaient en sa puissance ; les émancipés, sortis de cette puissance, étaient
exclus. « Tout d'abord le préteur, disent les Instituts, mû
» par l'équité naturelle leur donne la possession de biens
» *unde liberi*, comme s'ils avaient été au pouvoir de l'as-
» cendant à l'époque de sa mort, et cela qu'ils soient seuls
» ou qu'ils concourent avec des héritiers siens. Ainsi, qu'il
» existe deux enfants, l'un émancipé, l'autre soumis au
» défunt au jour de sa mort, certainement ce dernier est
» seul héritier par le droit civil, c'est-à-dire seul héritier
» sien. Mais comme l'émancipé par le bienfait du préteur
» est admis à prendre part, il en résulte que l'héritier sien
» n'est plus héritier que pour partie (1). » Cette disposition s'appliquait non-seulement à l'émancipé, mais aussi à
sa postérité. Ainsi les enfants qui lui naissaient après son
émancipation étaient, s'il venait à mourir, appelés à sa
place dans la succession de l'aïeul émancipateur au rang
des héritiers siens (2). Les enfants de l'émancipé, qui nés
avant l'émancipation étaient par conséquent restés sous la
puissance de l'aïeul, n'en venaient pas moins à l'héridité
de leur père et comme héritiers siens (3). Enfin, la règle

(1) *Inst.*, III. 1. IX.
(2) *Dig.*, 37. 4. 3. Ulp.
(3) *Dig.*, 37. 4. 6. Paul. et 21 Modest.

nouvelle concernait tous les enfants et descendants qui par une cause quelconque se trouvaient en dehors de la puissance de leur *Pater familias* (1), à moins que ce fût par la grande ou la moyenne diminution de tête.

Dans l'ordre des agnats le préteur n'apporta aucun changement, il tenta seulement d'adoucir une jurisprudence contraire à l'équité et qui s'était introduite à la suite de la loi Voconia (2), l'an de Rome 585. Cette loi frappait les femmes d'une certaine incapacité de recevoir par testament, les prudents étendirent ces restrictions aux hérédités *ab intestat* et n'admirent les femmes à la succession des agnats qu'à la condition d'être consanguines du défunt. Les consanguins, dit Paul dans ses Sentences, sont les frères et sœurs issus du même père, restés jusqu'à sa mort en sa puissance, et l'on considère comme tels les fils adoptifs non émancipés (3). Ici laissons parler les textes : « Entre les hommes, l'agnation, jusqu'au degré le plus » éloigné, donne un droit réciproque à l'hérédité. Mais, » quant aux femmes, on voulait qu'elles ne pussent acqué- » rir l'hérédité que par droit de consanguinité, si elles » étaient sœurs et non au delà, tandis que leurs agnats » mâles étaient admis à leur hérédité à elles jusqu'au » degré le plus éloigné. Ainsi tu succèdes à la fille de ton » frère ou de ton oncle paternel, ou à ta tante paternelle, » mais elles ne te succédaient pas. On l'avait ainsi établi » parce qu'il paraissait avantageux de concentrer généra- » lement les hérédités sur les mâles. Mais comme il était

(1) *Dig.*, 37. 1. 6. Ulp.
(2) Paul. *Sent.* 4. 8. 22.
(3) Paul. *Sent.* 4. 8. 15.

» de toute iniquité qu'elles fussent universellement ex-
» clues comme étrangères, le préteur les admet par son
» édit à cette possession de biens qu'il donne à la proxi-
» mité du sang : ordre dans lequel elles ne sont admises
» que s'il n'existe aucun agnat ni aucun cognat plus pro-
» ches qu'elles. Du reste, la loi des Douze-Tables n'avait in-
» troduit aucune de ces distinctions; mais s'attachant à
» une simplicité amie des lois elle appelait indistinctement
» tous les agnats, mâles ou femmes, quel que fût leur
» degré, à la succession les uns des autres. Ce fut une
» *jurisprudence intermédiaire*, plus jeune que la loi des
» Douze-Tables, mais antérieure à la législation impériale
» qui, par des idées de subtilité introduisit cette différence
» et repoussa entièrement les femmes de la succession des
» agnats, aucun autre ordre n'existant alors, jusqu'à ce
» que les préteurs, corrigeant peu à peu la rigueur du
» droit civil ou suppléant à ses lacunes, eussent par une
» disposition d'humanité ajouté dans leurs édits un nouvel
» ordre. Alors, la ligne des cognats se trouvant introduite
» selon le degré de proximité, ils venaient au secours des
» femmes par la possession des biens, et leur donnaient
» celle qui se nomme *unde cognati* (1). » Ainsi les jurisconsultes avaient, dans l'ordre des héritiers agnats, dis-
tingué en quelque sorte deux rangs : celui des consanguins, c'est-à-dire de ceux qui entre eux sont les agnats
les plus proches, et celui des agnats proprement dits. Les
femmes étaient admises dans le premier, mais elles étaient
exclues du second; tous leurs agnats mâles leur succédaient et elles ne succédaient à aucun, à moins qu'il ne

(1) *Inst.* III. 2. 3. trad. de M. Ortolan.

fût leur frère ou leur sœur consanguins. Cet état de choses déjà tempéré par le préteur ne fut définitivement aboli que sous Justinien, qui sur ce point remit en vigueur le droit des Douze-Tables (1).

. Le tempérament apporté par les préteurs à la barbarie de la jurisprudence intermédiaire fut puisé par eux, le texte cité plus haut nous l'enseigne, dans une de leurs meilleures créations, l'institution d'un nouvel ordre d'héritiers. Après les héritiers siens et les héritiers légitimes ou agnats ils appelaient les plus proches cognats, ne considérant qu'une seule qualité, la parenté naturelle (2). A côté de l'hérédité, seul mode de succéder d'après le droit civil, ils avaient introduit une nouvelle manière d'entrer en jouissance des biens du défunt, la possession de biens, l'hérédité prétorienne. Voici, selon M. Ortolan, quelle en dut être l'origine : « Le préteur, dans ses fonctions d'assu-
» rer l'exécution de la loi, était chargé en cas de contesta-
» tion de faire livrer et maintenir à l'héritier la possession
» des biens du défunt. Cette mise en possession n'était que
» la mesure exécutoire de la loi d'hérédité ; c'était le fait
» venant exécuter le droit. Le préteur, dans le principe,
» dut donner exclusivement la possession des biens à ceux

______

(1) *Inst.* III. 2. 3. *in fine.* Il est fort présumable que cette jurisprudence s'établit sous l'influence patricienne, alors que la plupart des jurisconsultes appartenaient à cette caste. Ce fut une réponse à la loi Canuleia ; le but fut d'empêcher que les biens des grands propriétaires, presque tous patriciens, se divisant entre les filles ne vinssent par celles-ci en des mains plébéiennes ; en un mot elle concentra les propriétés sur les mâles pour leur donner plus d'influence et de prépondérance dans la cité, au grand profit de l'ordre aristocratique.

(2) *Inst.* III. 5. princ. et § 1.

» qui étaient héritiers par la loi; mais ensuite il imagina
» de l'accorder à des parents que le droit civil avait laissés
» de côté, et même, dans d'autres cas, de la refuser à l'hé-
» ritier légal et de l'attribuer à son détriment à d'autres
» personnes que l'équité et les liens naturels lui rendaient
» préférables. Ainsi faisant exécuter le droit civil dans le
» premier cas, il suppléait à ses lacunes dans le second; il
» le contredisait, afin de corriger sa rigueur, dans le troi-
» sième (1). » Ils l'annonçaient et les possessions de biens
unde liberi, unde legitimi, unde cognati tirèrent leur nom
de cette partie de l'édit où les diverses classes d'héritiers
étaient appelées à l'hérédité.

Non contents d'avoir modifié l'organisation de la famille
dans les successions *ab intestat,* les préteurs allèrent plus
loin et attaquèrent même la puissance du *Pater familias.*
*Quod uti legassit super pecunia tutela ve suæ rei, ita jus
esto,* avait dit la loi des Douze-Tables, attribuant au père le
pouvoir le plus large dans la concession des legs, des
libéralités et dans la constitution des tutelles. Mais déjà la
jurisprudence civile avait restreint ce pouvoir, elle avait
considéré que, les personnes sous la puissance ou la main
du chef ne faisant qu'un avec lui et après sa mort recueil-
lant ses biens comme si elles se succédaient à elles-mêmes,
d'où leur nom d'*heredes sui,* il fallait du moins pour les
exclure de cette succession le déclarer formellement, et
elle avait imposé au chef de famille, qui testait, la nécessité d'instituer ces personnes ou de les exhéréder, le fils
nominativement, les autres *inter cœteros.* Par voie de
conséquence elle avait considéré comme inofficieux les

____

(1) Ortolan; *Inst.,* T. 2, pag. 73.

testaments où ne prenant soin ni d'instituer ni d'exhéréder ses héritiers siens le testateur les avait tout simplement omis. Bientôt la jurisprudence accorda l'action du testament inofficieux même à ceux qui se plaignaient d'avoir été injustement exhérédés, sur la supposition, disent les Instituts : « qu'en faisant son testament le testateur n'é-
» tait pas sain d'esprit. En cela on n'entend pas qu'il était
» réellement fou ; mais que son testament, quoique ré-
» gulièrement fait, était contraire aux devoirs de la piété
» entre parents ; car s'il y avait folie véritable, le testament
» serait nul (1). »

Mais à ceux qui avaient été omis, le préteur avait déjà donné un moyen d'arriver à l'hérédité et cela contre la volonté du testateur, par la possession de biens *contra tabulas* (2). Même c'était cette voie prétorienne de recours que les héritiers siens omis devaient suivre en premier lieu ; et en cas d'insuccès seulement ils employaient la *querela inofficiosi testamenti*, qui n'était accordée qu'à défaut de tout autre moyen de droit pour arriver aux biens du défunt (3).

Enfin dans les dernières années de la république, l'an de Rome 714, un plébiscite, la *lex Falcidia* vint compléter les réformes du préteur et des prudents. Cette loi portait que tout héritier institué par testament ne pourrait jamais être grevé de legs au delà des trois quarts de sa part héréditaire en sorte qu'il lui adviendrait toujours un quart en toute propriété. On ne sait si le plébiscite contenait à

(1) *Inst.* II. XVIII. princ.
(2) *Inst.* III. IX. 3. ; *Dig.* ; 38. 8. 1. princ. fr. ULP.
(3) *Inst.* II. XVIII. § 2.

l'égard de l'hérédité *ab intestat* une disposition analogue, ou s'il n'y eut à ce sujet qu'une œuvre d'extension ; ce qu'il y a de certain, c'est qu'on attribua aux héritiers siens le même droit qu'aux héritiers institués, et que dorénavant sous peine de faire annuler le testament comme inofficieux ils durent toujours avoir dans les biens du défunt, à moins de justes causes d'exhérédation ou d'omission, le quart de la part héréditaire qui leur serait revenue *ab intestat*. C'est ce qu'on appela la quarte Falcidie, la portion légitime, ou encore la légitime.

Ce n'était pas assez d'avoir garanti le fils des injustices d'un pouvoir despotique et de l'avoir fait parvenir à l'hérédité contre la volonté formelle de son père, il avait paru équitable de le prémunir d'un autre danger non moins sérieux et qui se présentait dans une situation toute opposée. Lorsque le père mourait insolvable, l'hérédité ne manquait pas de retomber sur le fils qui en sa qualité d'héritier sien et nécessaire ne pouvait la répudier et était tenu des dettes jusque sur sa personne. Les biens étaient vendus en son nom et il encourait l'ignominie. C'était aussi ce qui se passait pour l'esclave institué. Déjà le préteur avait accordé à celui-ci la séparation des patrimoines ; il ne pouvait pas moins faire pour le fils et il créa en sa faveur ce qu'on appela le bénéfice d'abtention. « Le préteur, disent les Instituts, permet aux héritiers siens de s'abstenir de l'hérédité s'ils le veulent, afin que la possession des biens par les créanciers ait lieu sous le nom du défunt plutôt que sous le leur (1). » Ainsi, bien que l'hérédité leur soit acquise de plein droit, les héritiers siens et nécessaires n'ont qu'à ne

______

(1) *Inst.* II. XIX. 2 *in fin.*

pas s'immiscer dans cette hérédité, à n'y faire aucun acte d'héritier, à y rester étrangers de fait, et toute action sera refusée contre eux aux créanciers du défunt. L'abstention différait essentiellement de la séparation des biens ; elle était un fait purement passif : l'héritier sien n'était tenu à aucun acte, aucune déclaration, aucune demande, il n'avait qu'à rester dans l'inaction et à ne se mêler en rien des affaires de la succession ; l'esclave institué était au contraire obligé de demander la séparation des biens au préteur, qui l'accordait par un décret. Ces deux sortes de bénéfices se distinguaient aussi par leurs effets ; l'abstention enlevait aux créanciers toute action contre l'héritier sien ; la séparation des biens conservait leur droit de poursuite contre l'héritier nécessaire, mais seulement, il est vrai, jusqu'à concurrence des biens héréditaires (1).

Ces réformes avaient corrigé une des plus injustes rigueurs du vieux droit civil et déjà mis un frein au pouvoir trop absolu du chef de famille. Mais si par testament le père ne pouvait plus disposer à son gré de l'avenir de ses enfants, pendant sa vie il disposait encore d'eux en toute liberté ; son pouvoir correctionnel, ses droits de propriétaire n'avaient pas souffert, en un mot la véritable Puissance subsistait. A cette époque le type du *Pater familias* est encore le vieil *Appius Claudius,* ancien censeur qui, devenu aveugle, se faisait porter au sénat par ses quatre fils, qui tous avaient été consuls. « Ce vieillard plein de vigueur et d'autorité, dit Cicéron, gouvernait toujours avec

______

(1) V. sur l'abstention *Inst.* II. XIX ; *Dig.* 29. 2. 12. Ulp. et id. 71 § 3 à 9 ; *Cod.* 6. 30. 6. et sur la séparation des biens *Dig.* 42. 6 ; Cod. 7. 72.

un pouvoir absolu sa nombreuse maison, ses quatre fils, ses cinq filles et une foule de clients. C'était un arc toujours tendu, que les ans n'avaient pu relâcher. Ses esclaves le craignaient, ses enfants le révéraient ; c'était là une maison de mœurs et de discipline antiques (2). » Le droit de vie et de mort n'était pas aboli, et vers la fin même de la république un sénateur, complice de Catilina, fut poursuivi et envoyé par son père au dernier supplice (3).

La Puissance avait encore été attaquée dans quelques-uns de ses effets, mais non dans son essence par une autre création du préteur, création qui ne contribua pas peu à dégager la personnalité de l'esclave et celle du fils de famille. Nous l'avons déjà vu, tout ce qu'acquièrent ses enfants et ses esclaves profite au chef, qui n'est nullement tenu de leurs dettes, car soumis à son pouvoir ils doivent être pour lui une source de richesse et non une cause d'appauvrissement. Il résulte de là que l'engagement de l'esclave reste sans effet, le créancier ne pouvant agir contre le maître qui ne s'est point obligé et ne peut l'être que par son propre fait, ni contre l'esclave lui-même qui n'a point de personne civile sur laquelle repose un engagement. Les obligations contractées par le fils étaient sans doute très-valables, mais les voies d'exécution faisaient défaut au créancier, tant du moins que vivait le père de famille. En effet le fils, appartenant au *Pater familias* et ne pouvant disposer de lui-même, échappait nécessairement à une poursuite contre la personne ; était-il exécuté

(1) Cic. *De senect.* Appius vivait encore au temps de la guerre contre Pyrrhus, 279 av. J.-C.

(2) Sallust. *Catil.* 39.

sur les biens? Mais d'après le droit civil il n'en avait pas. Ainsi donc, selon la remarque de M. Bonjean, soit de droit, soit de fait, les esclaves et les fils de famille, c'est-à-dire l'immense majorité de la population, se trouvaient en dehors des transactions commerciales (1). Pour parer aux effets désastreux que cet état de choses aurait engendré dans une ville, où les transactions prenaient chaque jour plus d'extension, le préteur accorda, sous certaines réserves à ceux qui avaient traité avec les fils et les esclaves, le pouvoir d'agir contre le père de famille, pour le tout par les actions *quod jussu* .... *exercitoria* ..... *institoria,* pour partie seulement ou mieux jusqu'à concurrence de certaines valeurs par les actions *tributoria* ..... *de in rem verso* ..... *de peculio.*

Tels ne furent pas les seuls bienfaits du préteur; sa sollicitude s'étendit à toutes les classes d'hommes en puissance. En introduisant au profit du créancier une voie d'exécution sur les biens du débiteur, la *possessio bonorum,* il fit tomber en désuétude la voie d'exécution forcée sur la personne, l'*addictio,* et détruisit du même coup une des sources les plus abondantes de l'esclavage à Rome. Il favorisa aussi les affranchissements; autrefois les modes solennels de manumission donnaient seuls la liberté; l'esclave affranchi à table, entre amis, par lettre, loin d'acquérir la cité ne devenait pas même libre, et comme on ne s'oblige pas envers son esclave le maître pouvait, quoi qu'il eût promis, reprendre sur lui la puissance dominicale. Les préteurs s'y opposèrent et si dorénavant les affranchis de cette sorte ne furent pas citoyens, du moins

____

(1) BONJEAN, *Tr. des Act.* T. 2. p. 287.

ils vécurent en liberté, *in libertate.* Mais, chose étonnante, si le préteur favorisa les affranchissements, loin d'améliorer la condition des affranchis, il accrut au contraire les droits du patron. Nous savons que ce dernier était exclu de la succession de son affranchi par le testament, ou par les héritiers siens même adoptifs ou émancipés, nous nous rappelons aussi la critique des Instituts : « à cela il n'y
» avait rien à reprendre si l'héritier sien était un enfant
» naturel ; mais si c'était un fils adoptif, il y avait injustice
» évidente à dépouiller le patron de tout droit. » « C'est
» pourquoi, ajoute le texte, plus tard l'édit du préteur
» corrigea cette iniquité du droit. En effet si l'affranchi
» faisait un testament, il était obligé de tester de manière
» à laisser au patron la moitié de ses biens ; sinon le pa-
» tron, auquel il n'avait laissé rien ou moins que la moitié,
» obtenait la possession de biens contre les tables du tes-
» tament, pour moitié des biens. S'il mourrait intestat
» laissant pour héritier sien un fils adoptif, on donnait
» également au patron, contre cet héritier, la possession
» de biens pour moitié. Mais servaient à exclure le patron :
» les enfants naturels de l'affranchi, non-seulement ceux
» soumis à sa puissance au moment de sa mort, mais en-
» core ceux émancipés ou donnés en adoption, pourvu
» qu'ils fussent institués pour une part quelconque, ou
» que passés sous silence, ils eussent demandé la posses-
» sion de biens *contra tabulas,* car les exhérédés n'ex-
» cluaient nullement le patron (1). » Ici encore ce fut au
nom de l'équité que l'on corrigea la loi des Douze-Tables,
mais on peut dire que la véritable équité s'en trouva

______

(1) *Inst.* III. VII. I.

blessée, et que ce fut comme un temps d'arrêt dans la marche progressive du droit vers les lois naturelles.

Le droit prétorien s'était développé non-seulement durant les derniers siècles de la république mais jusque dans les premières années de l'époque impériale. Peu à peu l'empereur remplaça le préteur dans l'œuvre législative, le droit continua sa progression, et le nouvel ordre social, les nouvelles idées aidèrent puissamment à sa transformation. Ce sont ces changements et cette troisième époque que nous allons étudier ou plutôt esquisser rapidement dans la dernière partie.

TROISIÈME PARTIE.

CHAPITRE I.

La manus tombée en désuétude. — Les lois Julia et Papia Poppœa. — Le concubinat. — Légitimations. — Nouveaux effets de l'adoption. — Affaiblissement de la puissance paternelle. — Les pécules. — Les Novelles CXVIII et CXXVII. — Leur influence sur la constitution de la famille.

A la suite de la conquête de la Grèce et de l'Orient la corruption des mœurs s'était introduite à Rome en même temps que le luxe et la mollesse. Les mariages s'en ressentirent et l'on pourrait appliquer à cette époque les paroles de Tertullien : « Où sont ces mariages heureux, que la pureté des mœurs rendait si parfaits, qu'il s'est passé plus de cinq cents ans sans qu'il soit arrivé de divorce dans aucune famille ? Aujourd'hui en s'épousant on fait vœu de se répudier et le divorce est comme un fruit du mariage (1). » Aussi, dès la fin de la république les femmes en étaient venues à compter les années non par les noms des consuls

(1) Tertul., *Apolog.* par. 6.

mais par le nombre de leurs maris. Bientôt même c'est à peine si on se marie, le célibat est une sorte d'existence considérable et privilégiée ; le célibataire, flatté, caressé par la vile troupe des captateurs de testaments, devient un personnage de distinction, dont l'éloge se trouve dans toutes les bouches (1). Si cet état de choses eût duré, la cité, déjà dévastée par les guerres et les proscriptions, se fût complétement dépeuplée. Auguste fit rendre alors les fameuses lois Julia et Papia Poppœa, destinés à encourager les mariages et à punir le célibat ; elles récompensaient la fécondité ; mais dans la fécondité même elles distinguaient des degrés ; ainsi elles accordaient des priviléges à l'homme marié, de plus grands au mari qui avait des enfants et de plus grands encore à celui qui en avait trois. Toutes ces prérogatives étaient basées sur une capacité plus ou moins étendue de recevoir par testament ; c'était prendre. le Romain avare et cupide par son faible, aussi de pareilles lois ne jouirent-elles jamais d'une grande faveur. De plus, en voulant remédier à un mal elles en enfantèrent un encore plus terrible, elles firent du mariage une spéculation, un trafic. On se mariait, dit Plutarque, on avait des enfants non pour avoir des héritiers, mais pour avoir des héritages. Enfin, et c'est là le comble, elles propagèrent l'adultère : « De quoi te plains-tu, ingrat ? N'est-ce donc rien, perfide, que de t'avoir fait présent d'un fils et d'une fille... Enfin te voilà père, je t'ai fourni des armes contre la médisance. C'est moi qui te vaux les *jura parentis*, par moi tu pourras hériter et recevoir un legs tout entier, par moi tu

____

(1) V. Plaute, *Miles gloriosus act.* III, sc. I. V et s. Pétrone, *Satyricon*, c. 16.

recueilleras le doux émolument des caduques. Et combien d'autres avantages te sont réservés, si, achevant mon ouvrage, je mets trois enfants dans ta maison (1). »

On conçoit aisément que ces mœurs donnèrent le coup de mort à la *manus* ; sans doute Gaïus, et, sous Septime Sévère, Ulpien nous parlent encore de *coemptio* et d'*usus*, mais ce sont des unions bien rares et qui bientôt disparaissent. Une autre institution d'Auguste n'avait pas peu contribué à mettre les mariages libres en grande faveur, je veux parler du concubinat, qui déjà existait, mais qui ne reçut de sanction légale qu'à cette époque où par tous les moyens on cherchait à favoriser l'accroissement de la population. Le concubinat était le commerce licite d'un homme et d'une femme sans qu'il y eût mariage entre eux. Dans le principe, avant la *lex canuleia*, ce fut l'union des patriciens et des plébéiennes, puis des citoyens et des étrangères, enfin sous l'empire et surtout à partir de l'édit de Caracalla qui accordait à tous ses sujets le droit de cité, ce fut le commerce d'un homme avec une femme qu'il n'aurait pu épouser, telle qu'une prostituée, une actrice, une femme surprise en adultère (2). Le concubinat fut réglé par Auguste : l'homme marié ne put avoir une concubine, le célibataire plusieurs concubines à la fois. Toutefois cette union n'eut jamais rien d'honorable, surtout pour la femme ; aussi les concubines étaient toutes des affranchies, des femmes de mauvaise vie ou de basse extraction. L'ingénue honnête, qui aurait consenti à vivre en concubinat, aurait perdu son honneur, sa considération et son titre de *Mater fami-*

(1) Juvénal, *Sat.* IX v. 82 à 90.
(2) *Dig.* 25. 7. 1. 2.

lias, de *matrona.* Aussi devait-on toujours la prendre pour épouse, ou du moins on devait attester par un acte formel qu'on ne la voulait que pour concubine, sans quoi le commerce avec elle eût été un *stuprum* (1). En règle générale nulle formalité n'était exigée pour se mettre en concubinat et « comme il en était de même pour contracter un mariage, comme dans les deux unions il y avait cohabitation avec une seule femme, à laquelle on pouvait s'unir sans crime, il s'en suit que la concubine ne se distinguait de l'épouse que d'après l'intention des parties, la seule affection de l'homme, la seule dignité de la femme, *nisi dignitate, solo dilectu, sola animi destinatione* (2). Le concubinat n'était donc pas un mariage, il ne donnait ni le titre de *vir,* ni le titre d'*uxor,* ni la puissance paternelle ; il ne produisait aucun lien, il était rompu au caprice de l'une des parties à quelque époque que ce fût, sans qu'il y eût divorce, sans qu'il fût nécessaire d'envoyer le *repudium,* l'acte de répudiation. Mais, innovation essentielle et capitale, bien que le concubinat ne fût point un mariage, il produisit un certain effet à l'égard des enfants qui en étaient issus, il indiqua la paternité. Sans doute ces enfants ne furent pas des *justi liberi,* car il n'y avait pas de justes noces, mais ils ne furent pas non plus des *spurii,* des *vulgo concepti,* on les appela des enfants naturels, *naturales liberi,* et ils eurent pour père l'homme qui vivait en concubinat avec leur mère. S'ils ne furent pas en sa puissance, s'ils n'héritèrent pas de ses biens, ils purent du moins être légitimés.

Toutefois depuis l'époque d'Auguste il se passa encore

(1) *Dig.* 25. 7. 3.
(2) Ortolan, T. I. p. 211.

trois siècles avant que les enfants naturels pussent jouir du bienfait de la légitimation. Ce fut seulement sous Constantin que parut le premier moyen général de rendre légitimes et de mettre au pouvoir du père les enfants qu'il avait eus d'une concubine, et cette partie de la législation se développa sous les successeurs de ce prince (1). Justinien dans ses Instituts n'indique que deux moyens de parvenir à ce résultat, le mariage subséquent et l'oblation à la curie ; dans ses Novelles il en créa deux autres, le rescrit de l'empereur et le testament.

La légitimation par mariage subséquent avait lieu lorsqu'un homme ayant des enfants d'une concubine épousait cette dernière et transformait ainsi le concubinat en justes noces (2). Mais pour que la légitimation fût parfaite, il fallait premièrement, qu'au moment de la conception des enfants, le mariage entre le père et la mère ne fût défendu par aucune loi ; deuxièmement, qu'on dressât un acte contenant la constitution de dot ou servant simplement à constater le mariage, non dans le but de valider ce mariage qui, lui, n'exigeait aucune formalité, mais pour valider la légitimation et afin de marquer d'une manière certaine l'instant où le concubinat se changeant en justes noces, cette légitimation avait eu lieu. Enfin il fallait que les enfants ratifiassent, car ils ne pouvaient malgré eux être soumis à la puissance paternelle (3).

(1) Ortolan, T. I. p. 212.

(2) Voir au *Code* 5. 27. 10. la constitution de Zénon, 476 de J.-C. abolie par Justinien, et qui restreignait aux enfants naturels nés avant. la promulgation de sa loi le bénéfice de la légitimation. C'était en principe supprimer cette dernière pour arriver à empêcher le concubinat.

(3) Novel. 89. c. 11.

Il n'est personne qui ne se rappelle l'organisation municipale sous les empereurs chrétiens et la condition malheureuse des grands propriétaires ou curiaux. Ecrasés par les impôts, enfermés héréditairement dans la curie comme dans une prison, n'ayant pas dans une multitude de cas la libre disposition de leurs biens, poursuivis à la campagne, à l'armée, partout où ils tentaient de se réfugier, ramenés de force à la curie ils constituaient la classe la plus misérable de la population. En même temps, pour les éblouir, on leur prodiguait des titres et des honneurs ; même plus les charges réelles devenaient onéreuses, plus le despotisme impérial exagérait les expressions et les mots pompeux. Quelquefois on leur accordait des priviléges, comme de légitimer leurs enfants naturels par l'oblation à la curie, triste compensation aux services qu'on leur imposait. Jusque-là les enfants naturels d'un père curial, non-seulement ne succédaient pas à son titre, mais même ne pouvaient recevoir de lui par testament au delà d'une portion déterminée. Théodose et Valentinien, en l'an 442 de J.-C., déclarèrent les premiers que si un citoyen, curial ou non, n'avait que des enfants naturels, ils lui permettaient de les offrir à la curie de sa ville et en conséquence de leur laisser par donation ou testament même la totalité de ses biens ; que pareillement pourrait recevoir l'hérédité entière de son auteur la fille naturelle qui aurait épousé un curial. Cette constitution en accordant une faveur aux curiaux déjà existants avait pour but d'engager de nouvelles personnes à entrer dans leur classe (1). L'institution se développa, l'enfant naturel acquit des droits de succes-

(1) *Cod.* 5. 27. 3.

sion ab intestat comme s'il était légitime, il passa sous la puissance paternelle, et l'oblation à la curie devint un véritable mode de légitimation. Ce mode ne fut pas, il est vrai, à la portée de tout le monde, car, pour faire de ses fils des curiaux, le père devait leur assurer une certaine fortune. Justinien le confirma et le permit même à ceux qui avaient des enfants légitimes (1). Bien que par ce moyen le fils tombât en la puissance du père, il n'acquérait cependant de droits qu'à l'égard de ce dernier, et non sur ses agnats et ses cognats, en sorte qu'on peut dire de lui qu'il restait en dehors de la famille. C'était une exception propre à ce mode de légitimation et en tout contraire aux principes rigoureux du vieux droit civil.

Enfin la volonté toute puissante du prince peut introduire dans la famille et légitimer les enfants naturels. Il l'ordonnera par rescrit, si le mariage subséquent entre le père et la mère est devenu impossible, et s'il n'existe aucun enfant légitime ; par un rescrit encore il ratifiera le testament du père qui ne laisse que des enfants naturels et désire leur transmettre son nom et sa fortune. Désormais ces moyens étaient suffisants, aussi Justin et après lui Justinien abrogèrent une constitution d'Anastase, qui avait sanctionné d'anciens usages en mettant l'adoption au nombre des modes de légitimation (2).

De grands changements avaient eu lieu dans le système des adoptions. D'abord, dans les formes, le rescrit du prince avait remplacé la loi curiate pour les adrogations, et quant aux adoptions ordinaires, si elles se firent toujours devant le

(1) *Cod.* 5. 27. 9. 3; *Nov.* 89, c. 2 et s.
(2) *Cod.* 5. 27. 6 et 7 ; *Nov.* 74, c. 3.

magistrat, ce fut par son autorité, sur la simple déclaration des parties et après la rédaction d'un acte constatant
l'adoption ; quant à la *mancipatio* et à la *cessio in jure* elles
disparurent. Bientôt même le fond du droit en cette matière subit de graves altérations. Antonin-le-Pieux permit
l'adrogation des impubères ; quant à celle des femmes,
défendue aux temps de Gaïus et d'Ulpien (1) elle est admise sous Justinien (2). « L'adrogation d'un impubère
» faite par rescrit du prince, disent les Instituts, ne se
» permet qu'en connaissance de cause. On recherche si
» le motif en est honnête et s'il est avantageux au pupille ;
» encore l'adoption ne se fait-elle qu'avec certaines condi-
» tions que voici : l'adrogeant doit donner caution à une
» personne publique, que si le pupille meurt avant la pu-
» berté, il restituera ses biens à ceux qui sans l'adoption
» lui eussent succédé ; de même il ne peut l'émanciper
» qu'en prouvant au magistrat qu'il a mérité l'émancipa-
» tion et alors il lui doit rendre ses biens. S'il vient à le
» déshériter en mourant, ou à l'émanciper de son vivant,
» sans motifs, il sera condamné à lui laisser le quart de ses
» propres biens, en sus, bien entendu, de ceux que le pu-
» pille lui a transférés au moment de l'adoption ou a acquis
» par la suite (3). » C'est là ce qu'on appela la quarte An-

(1) Gaïus, 1. 101 et 102 ; Ulp., Reg. 8. 5. A cette époque le rescrit
n'a pas encore remplacé la loi curiate, ce fut plus tard seulement que la
volonté du prince se substitua à tout, mais déjà l'intervention des curies
n'était plus qu'une fiction.

(2) *Dig.*, 1. 7. 21. Ce fragment ne peut pas être attribué à Gaïus,
comme l'ont prétendu les commentateurs, puisque Gaïus le contredit
formellement dans ses Instituts.

(3) *Instit.* 1. IX. 3.

tonine (*quarta Divi Pii*), du nom de son auteur, l'empereur Antonin ; mais on n'apporta aucune modification aux autres adrogations, si ce n'est dans la forme, ainsi que nous l'avons déjà dit. Quant aux effets de l'adoption ordinaire ils restèrent ce qu'ils avaient été dans le droit ancien, jusqu'au moment où Justinien les altéra complétement. Ici laissons de nouveau parler les Instituts : « Aujourd'hui, » d'après notre constitution, le père naturel, lorsqu'il » donne son fils de famille en adoption à une personne » étrangère, ne perd aucun de ses droits : rien n'en passe » au père adoptif et l'enfant n'est pas en puissance de ce » dernier, bien que nous lui accordions des droits de suc» cession ab intestat. Au contraire, lorsque l'enfant est » donné en adoption par son père naturel non pas à un » étranger mais à son aïeul maternel, ou bien, s'il est né » d'un fils émancipé, à son aïeul paternel ou même à son » bisaïeul paternel ou maternel, alors, comme sur la même » personne se réunissent les droits que donne la nature et » l'adoption, nous laissons au père adoptif tous ses droits » fondés sur un lien naturel et légalement établis par l'a» doption, de sorte que l'enfant passera sous sa puissance » et dans sa famille (1). »

Ainsi l'organisation de la famille antique était fortement ébranlée, les liens de l'agnation tendaient à disparaître ; le texte le montre et le dit formellement : ce n'est plus le droit, mais la nature qui doit donner la puissance. Le droit des Quirites a fait place à l'équité et au droit naturel. L'agnation reçut encore de rudes atteintes dans les consti-

_____

(1) *Instit.* 1. IX. 2. Trad. Ortol. Sous les premiers empereurs on adopta aussi par testament.

tutions d'Anastase et de Justinien sur les successions ab intestat.

En 498, Anastase (1) avait appelé au rang des agnats en concours avec les frères et sœurs restés en puissance, les frères et sœurs émancipés, et les avait admis à la succession légitime, mais avec une certaine diminution, en sorte, dit Théophile dans sa paraphrase, que le frère légitime dût avoir le double de l'émancipé, par exemple huit onces tandis que quatre sont la part de ce dernier ; de plus, ces faveurs n'étaient accordées qu'aux frères et sœurs et non à leurs descendants. Justinien les étendit à leurs fils et filles mais non à leurs petits-enfants et supprima la diminution (2). Exclues par la jurisprudence intermédiaire de la succession des agnats, les femmes y sont rappelées par Justinien, qui rétablit sur ce point le droit des Douze-Tables (3). Enfin par une constitution de l'an 528, les frères et sœurs utérins arrivent à la succession fraternelle en concours avec les frères et sœurs consanguins, tout comme s'ils étaient agnats. En 532, leurs enfants au premier degré furent mis au rang des neveux et nièces agnats, car, dit Justinien : « Nous » avons cru devoir ajouter à notre constitution que tout un » degré, mais un seul, serait transféré de la ligne des co- » gnats dans la succession légitime (4). » Déjà au temps d'Hadrien le sénatus-consulte Tertullien avait donné à la mère et à la fille le droit de se succéder l'une à l'autre, et

(1) *Cod.* 5. 30. 4.

(2) *Cod.* 6 58. 15. 1 et 3.

(3) Voir dans la seconde partie ce que nous avons dit sur cette jurisprudence intermédiaire. V. aussi dans les Instituts la fin du paragraphe qui mentionne l'abrogation faite par Justinien, III. 2. 3.

(4) *Inst.*, III. 2. 4.

à l'époque de Marc-Aurèle les enfants avaient été admis par le sénatus-consulte Orphitien aux biens de leur mère décédée intestat. Ces droits furent étendus sous les empereurs qui suivirent et confirmés par Justinien.

Ces changements, introduits peu à peu sous l'influence des nouvelles doctrines philosophiques et sous l'empire du progrès incessant de l'esprit humain et des nouvelles nécessités sociales avaient nécessairement et du même coup modifié la Puissance jusque dans son essence. Le droit de vie et de mort s'accordait mal avec des mœurs plus douces; et l'exercice d'une autorité, si absolue qu'elle froissait les sentiments les plus doux de la nature, ne pouvait inspirer que de l'horreur du moment où la nature avait reconquis une partie de ses droits. Aussi au temps de Sénèque voit-on un chevalier romain, Erixon, qui avait fait mourir son fils, poursuivi par le peuple indigné et frappé en plein Forum à coups de poinçons (1). D'un autre côté, selon la remarque de M. Troplong, le droit de vie et de mort ne pouvait subsister longtemps avec la nouvelle forme constitutionnelle qui tendait à centraliser tous les pouvoirs dans la main de l'empereur (2). Trajan força un père à libérer son fils de sa puissance parce qu'il l'avait traité inhumainement (3). De même Hadrien condamna à la déportation un père qui, à la chasse, avait tué son fils, bien que ce dernier fût coupable d'adultère avec sa belle-mère; par ce motif, dit Marcien, que le pouvoir paternel doit s'appuyer sur l'affection et non sur une rigueur atroce. Au IIIe siècle,

(1) Sénèq., *De clement.* I. 14.
(2) Troplong, *Infl. du christ., sur le dr. c. des Rom.* p. 253.
(3) *Dig.*, 37. 12. 5. Papinian.

un père ne pouvait tuer son fils sans jugement, sans en ré-
férer au préfet ou au président de la province (1) et Alexandre Sévère réduisait la puissance à un simple droit de
correction : « Votre pouvoir, écrivait ce prince à un père
» dans une constitution insérée au Code, votre pouvoir
» vous donne le droit de châtier votre fils, et s'il persévère
» dans sa conduite, vous pouvez, recourant à un moyen
» plus sévère, le traduire devant le président de la province,
» qui prononcera contre lui la punition que vous deman-
» dez (2). » Mais la législation n'acquit tout son développement sur ce point que sous Constantin, qui édicta contre
le père coupable d'avoir tué son enfant les peines du parricide (3).

Quant à la vente, nous savons déjà qu'à l'époque de
Paul elle était le plus souvent fictive et n'avait d'autre but
que de délivrer les descendants de la puissance paternelle ;
toutefois on voyait encore des exemples de mancipations
réelles, mais seulement dans les cas d'extrême misère (4)
ou d'abandon noxal. Dioclétien et Maximien défendirent
aux pères de livrer leurs enfants en vente, donation, ou en
gage, et Valens et Valentinien, de les exposer (5). Constantin revenant sur la constitution de Dioclétien, permit de
nouveau de les vendre, mais au sortir du sein de leur mère
et quand on y serait contraint par la pauvreté. Justinien
confirma ces dispositions ; pour l'abandon noxal, il était
depuis longtemps tombé en désuétude (6).

(1) *Dig.*, 48. 8. 2.
(2) *Cod.*, 8. 47. 3.
(3) *Cod.*, 9. 17.
(4) Paul. *Sent.* 5. 1. 1.
(5) *Cod.* 8. 52.
(6) *Cod.* 4. 43. 1 et 2. *Inst.* 4. 8. 7.

Si l'extension donnée aux ordres d'héritiers ab intestat et l'affaiblissement du lien d'agnation, les mœurs et la volonté des empereurs avaient abaissé la puissance paternelle, en même temps et par les mêmes causes la personnalité du fils de famille s'était développée. Mais rien n'avait plus contribué à ces résultats qu'une institution, dont l'origine remontait aux premières années de l'ère impériale et qui dans la suite progressa constamment.

Autrefois le fils ne pouvait rien posséder, tout ce qu'il acquérait était la propriété de son père. Auguste, Nerva, Trajan, qui prodiguèrent aux soldats tant de priviléges, créèrent en leur faveur ce qu'on appela le pécule des camps (*peculium castrense*), dans lequel étaient compris tous les biens obtenus à l'occasion du service militaire, et dont ils pouvaient disposer soit entre vifs, soit par testament, comme s'ils étaient à cet égard pères de famille. « *Filii familias,* est-il dit au Digeste, *in castrensi peculio vici patrum familiarum funguntur* (1). » Mais si le fils mourait sans avoir disposé de ce pécule, il retournait au père, qui s'en emparait en vertu de sa puissance paternelle et conséquemment en qualité de propriétaire, non d'héritier (2). De plus, jusqu'au règne d'Hadrien, le fils n'en pouvait disposer que pendant le temps de son service à l'armée, et ce fut ce prince qui, le premier, en accorda la libre disposition aux fils de famille retirés du service (3). « Dès lors, reconnaître aux fils de famille la capacité d'être

______

(1) *Dig.* 14. 6. de s. c. Macedon. 2. Ulp.

(2) *Dig.* loc. cit.; Paul. *Sent.* 4. 3.

(3) V. pour tout ce qui est relatif au pécule castrans le L. 49. 7. *Dig.*

propriétaires, d'avoir des choses à eux, et par conséquent d'en disposer et de faire les actes que le commerce de ces choses comportait, ce fut leur constituer une personnalité à eux, une personne civile distincte de celle des chefs de famille ; dès lors ce principe du droit primitif que les fils de famille n'ont pas de personne, que leur individualité s'absorbe dans la personne du chef, dont ils ne sont qu'une dépendance, qu'un instrument, commença à devenir faux (1). »

Toutefois ce n'était encore qu'un privilége des soldats, auquel ne participaient pas les autres fils de famille. Même à l'égard de ceux-ci le législateur avait pris certaines mesures de précaution provoquées par le désordre de leurs mœurs. Sous le règne de Claude, suivant Tacite (2), de Vespasien, au dire de Suétone (3), il fut rendu un sénatus-consulte, dont un Macédo, usurier fameux, ou fils de famille débauché avait été l'occasion et qu'on nomma pour ce motif le sénatus-consulte macédonien. Il défendait de prêter de l'argent aux enfants de famille et toute action était refusée tant contre le fils ou la fille, le petit-fils ou la petite-fille, qu'ils fussent encore en puissance ou non, que contre le père ou l'aïeul ; « le sénat, ajoutent les Instituts, » l'a ainsi décidé, parce que souvent les fils, après avoir » emprunté des sommes qu'ils dépensaient en débauches, » attentaient à la vie de leurs ascendants (4). » Si les faits n'étaient pas évidents, le préteur ne pouvait dénier au

(1) Ortolan. *Instit*. T. I. p. 496.

(2) *Annal*. 11. 13.

(3) Vesp. 11.

(4) *Inst*. 4. VII. 7.

créancier son action, mais alors il accordait une exception
au fils de famille (1). Le sénatus-consulte macédonien ne
tomba pas en désuétude, mais bientôt il n'y eut plus lieu
de l'appliquer que dans un nombre de cas fort restreint.
En effet les empereurs avaient peu à peu étendu à tous les
fils de famille les priviléges du pécule castrans et il ne fut
plus nécessaire d'être soldat pour avoir des biens à soi.
Dès le temps d'Ulpien (2) les enfants en puissance purent
posséder certaines choses, mais ce fut une constitution
rendue par Constantin en 321, qui fixa le droit sur cette
matière. Ce prince assimila aux biens acquis dans les
camps les biens obtenus dans les offices du palais du
prince (3), et à cause de cette assimilation le pécule nouveau prit le nom de *quasi castrans*. Les successeurs de
Constantin, Théodose et Valentinien, Honorius et Théodose, Léon et Anthémius, développèrent cette institution
et firent entrer dans le *peculium quasi castrense* les biens
que les fils gagnaient comme assesseurs, comme avocats,
comme officiers attachés au préfet du prétoire, comme
évêques, diacres, ecclésiastiques, comme fonctionnaires
publics (4). Enfin Justinien décida que toute libéralité impériale formerait en faveur des enfants un pécule de ce
genre. De même que le castrans, le quasi-castrans appartenait en toute propriété au fils, qui en pouvait disposer
comme il l'entendait, comme s'il eut été chef de famille ;

(1) *De s. c. Maced.* Dig. 14. 6. 3. princ. f. Ulp. Voir du reste tout
ce titre.

(2) V. Ortolan. *Inst.*, 1. p. 497.

(3) *Cod.* 12. 31. *De cast. omn. palatin. pecul.*

(4) *Cod.* L. 7. *De assesor.*; L. 4. *De avoc.*; L. ult. *De cast. pec.*;
L. 37. *De episc.*; L. ult. *De inoff. test.*

même à partir de cette époque il se pourrait que le père, en cas de décès *ab intestat* du fils, ne s'emparât du pécule qu'à titre d'héritier et non de propriétaire.

Outre le pécule quasi-castrans, Constantin créa ce que les commentateurs ont appelé le pécule adventice (*peculium adventitium*). Il se composait d'abord de tous les biens recueillis par les fils de famille dans la succession de leur mère soit par testament, soit *ab intestat*, puis, d'après les constitutions d'Honorius et d'Arcadius, de tout ce qu'ils acquéraient par succession' ou libéralité de leurs aïeul, aïeule, ou autres ascendants de la ligue maternelle, enfin, sous Justinien, de tout ce qui leur advenait par une cause quelconque, pourvu que ce ne fût pas du père. Mais sur ce pécule ils ne pouvaient prétendre qu'au droit de propriété, l'usufruit demeurant entre les mains du chef de famille (1).

En dernier lieu restait l'ancien pécule, le pécule profectice, qui donné par le père lui appartenait réellement et dont à volonté il pouvait retirer la jouissance à son fils.

Voilà ce qu'était devenu l'antique pouvoir du *Pater familias*, et remarquons que si au temps de toute sa rigueur il était presque impossible de s'y soustraire, maintenant qu'il a si complétement dégénéré, rien n'est plus facile que d'y échapper. Autrefois les formes rigoureuses de la mancipation, puis une manumission pouvaient seules en délivrer le fils, seuls les prêtres de Jupiter et les Vestales n'y étaient point soumis ; aujourd'hui il suffit non plus même d'un rescrit du prince comme sous les premiers empereurs, mais simplement de se présenter avec ses

(1) *Cod.* 6. 60 de bon matern. 1 ; *Cod.* id. 2 ; *Cod.* 6. 61. 1 *Cod.* id. 6.

ascendants devant les magistrats compétents pour en être affranchi (1) ; aujourd'hui les dignités de patrice, d'évêque, de consul, de préfet du prétoire, de questeur du sacré palais, de maître de la cavalerie ou de l'infanterie, en un mot toutes les dignités, qui libèrent de la curie en déchargeant les curiaux de leurs obligations, délivrent par cela même aussi de la puissance paternelle (2). Bien plus, quoique sortis de la famille ces dignitaires y conservent tous leurs droits ; à la mort du chef ils arriveront à sa succession comme héritiers siens, et leurs enfants, s'ils en avaient avant qu'ils fussent devenus *sui juris*, retomberont sous leur puissance (3).

Enfin par ses Novelles CXVIII et CXXVII Justinien porta le dernier coup à la famille civile. Nous ne pouvons mieux faire que de reproduire quelques fragments de ces constitutions, on reconnaîtra alors l'esprit qui a guidé le législateur.

Novelle CXVIII. Préface. « Trouvant une foule de
» lois anciennes qui mettaient dans l'ordre des successions
» *ab intestat* une injuste différence entre les cognats du
» sexe masculin et ceux du sexe féminin, nous avons jugé
» nécessaire de régler la succession *ab intestat* des cognats
» par une division claire et soignée au moyen de la pré-
» sente loi, qui abroge toutes les lois antérieures concer-
» nant cette matière. Et comme toute succession *ab intestat*
» comporte trois degrés, à savoir celui des descendants,
» celui des ascendants, et enfin le degré des collatéraux

(1) *Inst.* I. XII. 6.

(2) Ulp. reg. 10. 5. ; Gaïus 1. 130; *Cod.* 12. 3. 5. ; Nov. 81 ; *Cod.* 10. 31. 66.

(3) *Nov...* 81. c. 2.

» qui se divisent en agnats et en cognats, nous avons dé-
» cidé que la succession des descendants viendrait la pre-
» mière. »

C. I. « Si le défunt intestat laisse un descendant, de
» quelque qualité qu'il jouisse, à quelque degré qu'il soit,
» mâle ou du sexe féminin, en puissance ou hors de puis-
» sance, que ce descendant soit préféré à tous ascendants
» et collatéraux. Alors même que le défaut eût été au mo-
» ment de sa mort encore sous la puissance d'un autre, ses
» fils, quel que soit leur sexe ou leur degré, seront cepen-
» dant préférés aux ascendants sous la puissance desquels
» se trouvait leur père, pour les choses qui d'après nos
» autres lois ne sont pas acquises aux parents....., etc. »

C. II. « Si le défunt ne laisse aucun descendant, et que
» son père ou sa mère, ou d'autres ascendants lui survi-
» vent, ceux-ci doivent être préférés à tous collatéraux,
» excepté aux frères germains. S'il y a plusieurs ascen-
» dants, sont préférés ceux du degré le plus rapproché,
» qu'ils soient hommes ou femmes, du côté paternel ou du
» côté maternel. S'il existe des ascendants du côté paternel
» et des ascendants du côté maternel, qui soient au même
» degré, l'hérédité se divise en deux parties égales ; les
» ascendants du côté paternel, quel que soit leur nombre,
» prennent la moitié ; les ascendants du côté maternel,
» quel que soit aussi leur nombre, prennent l'autre moitié.
» Si le défunt a laissé des frères et des sœurs germains,
» ceux-ci viennent en concours avec les ascendants du
» degré le plus proche. Si c'est le père et la mère l'héré-
» dité se partage par tête, de sorte que frères, sœurs,
» ascendants, aient tous une portion égale. »

C. III. « Si le défunt n'a laissé ni descendants, ni ascen-

» dants, sont appelés en première ligne à l'hérédité les
» frères et sœurs germains, ceux-là mêmes que nous avons
» fait concourir avec les ascendants. A défaut de frères
» germains, sont appelés en seconde ligne les frères con-
» sanguins et les frères utérins du défunt. Si le défunt
» laisse des frères et les enfants d'un frère ou d'une sœur
» prédécédés, ceux-ci viennent en concours avec leurs
» oncles paternels et maternels, et quel que soit le nombre
» de ces enfants, ils ne prendront que la part qui devait
» échoir à leur père ou à leur mère, si ceux-ci avaient
» survécu. En sorte que si le frère prédécédé du défunt
» était un frère germain, ses enfants quoique seulement au
» troisième degré seraient préférés à leurs oncles ou à
» leurs tantes, mais qui ne seraient que les frères ou sœurs
» consanguins ou utérins du défunt. Et au contraire si ces
» enfants sont les enfants d'un frère soit consanguin, soit
» utérin prédécédé du défunt, et que celui-ci ait laissé un
» autre frère, mais germain, ces enfants seront exclus,
» car leur père, s'il avait vécu, aurait été exclu......, etc.

» Si le défunt ne laisse ni frères, ni neveux, nous appe-
» lons enfin à l'hérédité les autres cognats, selon les
» prérogatives du degré, de manière que les plus rappro-
» chés soient préférés aux autres. S'il se trouve plusieurs
» cognats du même degré, l'hérédité se divise par têtes. »

C. IV. Justinien abroge toute différence entre les agnats
et les cognats, les enfants des femmes, les enfants émancipés ; dorénavant la différence ne proviendra que du degré.

C. V. Ce chapitre est relatif aux tutelles. La tutelle est
déférée aux héritiers les plus proches en degré ; les héritiers du même degré sont tous tuteurs ; plus de distinction
entre les agnats et les cognats, les hommes et les femmes.

Novelle CXXVII. Préface. « Il ne nous en coûte pas
» d'élaborer des lois, du moment où elles sont utiles à nos
» sujets. Nous nous souvenons d'avoir établi (*par la novelle*
» *118*) le système de la représentation au profit des enfants
» des frères et sœurs prédécédés. Mais en présence d'as-
» cendants et de frères et sœurs du défunt nous avions
» exclu les enfants d'un frère prédécédé. »

C. I. « Ç'est pourquoi corrigeant avec justice ces dispo-
» sitions de notre constitution, nous déclarons que si le
» défunt laisse des ascendants, des frères et sœurs qui
» puissent concourir avec les ascendants, et des enfants
» d'un frère prédécédé, ces derniers seront appelés en
» concours avec les ascendants et les frères, et cela pour
» la part qu'aurait eu leur père, s'il avait vécu. Et ici nous
» parlons des enfants d'un frère germain du défunt..... »

Désormais l'agnation n'était plus qu'un vain mot, et
ainsi la famille se trouva constituée telle qu'elle l'est encore de nos jours à quelques exceptions près. C'est évidemment de cette législation si sage de Justinien que se
sont inspirés les rédacteurs de nos Codes; ils ont pour
ainsi dire calqué sur son système l'ordre de nos successions, et la puissance paternelle qui, aujourd'hui comme
alors, ne consiste plus qu'en un droit de correction.

CHAPITRE II.

Condition des esclaves au commencement de l'empire. — Constitution d'Antonin. — Affaiblissement de la puissance dominicale. — Les affranchis sous Auguste et Tibère. — Caractère rétrograde de la Constitution de Justinien.

Mais ce qui suffirait pour mettre entre cette époque et la nôtre au point de vue du droit une différence profonde, c'est la persistance de l'esclavage et de la puissance dominicale, la distinction toujours marquée entre ingénus et affranchis, les droits de patronage et la création de nouveaux colons, sorte de serfs attachés à la terre.

Jusqu'à la fin de la république, le sort des esclaves n'avait pas changé, et si le préteur avait donné contre le maître certaines actions à raison des actes de ces derniers, c'était plus dans l'intérêt des tiers que pour accorder à l'esclave une personnalité civile. Toutefois, c'est vers cette époque que se fit sentir une première amélioration ; sous le dictateur Cornélius Sylla, an de Rome 672, fut rendue une loi contre le meurtre, la *lex Cornelia de sicariis*. D'après elle, l'homicide volontaire était puni de mort ou de la déportation selon le rang du coupable (1) ; et comme la loi avait employé des expressions générales : *quicumque,* on appliqua la peine qu'elle édictait, au meurtrier de l'esclave d'autrui, aussi bien qu'au meurtrier de l'homme libre ; mais elle ne prévalut pas contre le maître qui conserva intact son droit de vie et de mort.

(1) F. 4. p. 5, ad leg. CORNEL. DE SIC. *Dig.* 48. 8.

Même on peut affirmer que les mœurs avaient empiré la
condition des servi. Nous ne sommes plus aux premiers
temps de Rome, où les esclaves étaient rares et où les propriétaires, dont ils constituaient une des principales ri-
chesses, avaient intérêt à les ménager, agissant en cela en
bons pères de famille. Aujourd'hui, les guerres avaient
inondé Rome et les provinces des peuples vaincus réduits
en esclavage, et les publicains établis sur toutes les fron-
tières avaient organisé la traite des blancs. « Ce n'était
point, dit M. Michelet, des prisonniers de guerre, encore
moins des esclaves achetés, c'était des hommes libres que
les marchands d'esclaves, publicains, chevaliers et autres,
enlevaient en pleine paix et le plus souvent chez les alliés
de Rome. Lorsque Marius, partant pour combattre les
Teutons, fit demander des secours à Nicomède, roi de Bi-
thynie, ce prince répondit que grâce aux publicains et aux
marchands d'esclaves, il n'avait plus pour sujets que des
enfants, des femmes et des vieillards (1). » Les esclaves
pullulaient et n'étaient plus que des objets de luxe; d'un
autre côté la corruption avaient accru la méchanceté des
maîtres, dès lors les esclaves furent en butte aux plus cruels
excès. De là les révoltes et les guerres serviles, et comme
la peur rend furieux les hommes timorés, la terreur poussa
les maîtres au comble de la férocité. On sait le mot de
Caton : « Nos esclaves sont nos ennemis (2). » C'est alors
qu'on vit un Q. Flaminius tuer un de ses esclaves pour
amuser un complaisant qui jamais n'avait assisté à une
mort d'homme (3); qu'on vit un Domitius, préteur en

(1) MICHELET, *H. rom.*, 3. 53.
(2) V. SENÈQUE, Lettre 47.
(3) PLUTARQ. *Vie de T. Flaminius.*

Sicile, faire exécuter un esclave pour avoir avec un épieu abattu un énorme sanglier (1) ; un Pollion, ami d'Auguste, engraisser ses murènes avec des esclaves qu'on leur jetait vivants (2). Et si le maître est assassiné, malheur à ses esclaves qui, logés sous le même toit et à portée de sa voix, ne sont pas venus à son secours, le sénatus-consulte Syllanien les condamne tous au dernier supplice (3).

En même temps, pour réprimer certains abus, on augmentait les causes d'esclavage. C'est ainsi que le sénatus-consulte Claudien, 52 ap. J.-C., déclarait esclave l'homme libre qui s'était laissé vendre pour partager le prix, et frappait de servitude l'ingénue ou l'affranchie, qui persistait à vivre dans un commerce habituel (*in contubernio*) avec un esclave (4). D'un côté ce fut une juste punition pour celui qui abusant de cette belle maxime que la liberté est imprescriptible et inaliénable s'en servait pour tromper et réaliser un gain illicite, de l'autre ce fut un frein, impuissant il est vrai, qu'on voulut mettre aux déportements dont Juvenal nous a conservé le souvenir (5). Enfin, l'affranchi ingrat, qui autrefois devenait esclave de la peine, retombait maintenant sous la puissance dominicale de son patron, son ancien maître (6).

La cruauté des maîtres devint si excessive que les premiers empereurs mêmes cherchèrent à porter un remède à un tel état de choses. Dans les dernières années du règne

(1) Cic. *In verrem de supplic.*, c. 3.
(2) Sénèque, *De ira*, L. III, c. 40.
(3) *Dig.* 27. 5. 1. princ. Ulp.
(4) *Dig.* 40. 13. 5. Paul. *Sent.* 2. 21.
(5) Voir le *satire VI sur les femmes*.
(6) *Inst.* I. 16. 1.

d'Auguste, suivant les uns, sous Néron, selon les autres, une loi *Petronia* enleva aux maîtres le droit de forcer eux-mêmes leurs esclaves à combattre contre les bêtes ; mais l'esclave était présenté au juge qui, s'il jugeait la plainte du maître fondée, prononçait la peine (1). D'après une constitution d'Hadrien les esclaves ne purent être mis à mort qu'en vertu d'une condamnation du magistrat, et cet empereur relégua pour cinq ans une matrone qui, sur des motifs futiles, avait traité ses esclaves d'une manière atroce (2). Antonin punit comme homicide tout maître qui aurait tué son esclave, car disent les Instituts : « Une » constitution d'Antonin assimile celui qui sans cause tue » son esclave, à celui qui tue l'esclave d'autrui. Et même » par cette constitution est réprimée la rigueur excessive » des maîtres. En effet, consulté par quelques présidents » des provinces sur les esclaves qui se réfugient dans des » édifices sacrés, ou près de la statue de l'empereur, An- » tonin ordonna que si les traitements du maître étaient » jugés insupportables, il fût contraint de vendre ses es- » claves à de bonnes conditions, et que le prix lui en fût » remis ; disposition fort juste, car l'État même est inté- » ressé à ce que personne n'use mal de sa chose. Voici les » termes de ce rescrit adressé à Ælius Marcien : Il con- » vient sans doute de ne pas porter atteinte à la puissance » des maîtres sur leurs esclaves et de n'enlever à personne » ses droits ; mais il est de l'intérêt des maîtres eux-mêmes » qu'on ne refuse pas aux esclaves contre la cruauté, la » faim ou des injures intolérables, le secours qu'ils implo-

(1) *Dig.* 48. 8. 11. 2. Mᴏᴅᴇsᴛ.
(2) *Spartien in Hadrianum*, c. 18 ; *Dig.* 1. 6. 2. in fin. Uʟᴘ.

7

» rent justement. Connaissez donc des plaintes de ceux
» qui de chez Junius Sabinus se sont réfugiés à la statue, et
» s'il vous est prouvé qu'ils ont été traités plus durement
» que l'humanité ne le permet, ou souillés d'une injure
» infâme, faites-les vendre, qu'ils ne rentrent plus au
» pouvoir de leur maître. Et s'il cherche par des subter-
» fuges à éluder ma constitution, qu'il sache que je l'exé-
» cuterai plus sévèrement (1). » Ainsi dorénavant il ne
sera plus permis en vendant un esclave de stipuler qu'il
sera transporté dans tel pays lointain; employé aux travaux les plus rudes ; si c'est une femme, qu'elle sera prostituée (2). Déjà, d'après un édit de Claude, la femme, qui
malgré des conventions contraires aurait été prostituée,
serait devenue libre ; de même l'esclave malade ou infirme
que son maître aurait laissé sans soins et abandonné (3).

Constantin puis Justinien confirmèrent ces dispositions,
ne laissant aux maîtres qu'un droit de correction, celui de
fustiger modérément leurs esclaves (4). De plus, Justinien
abrogea certains modes civils d'esclavage. Depuis longtemps déjà les addicti avaient disparu ; la condamnation
au quadruple avait, pour le voleur manifeste, remplacé la
servitude ; Justinien ne laissa subsister que l'esclavage de
l'homme libre qui s'était laissé vendre, et de l'affranchi
ingrat, supprimant ainsi celui qui provenait du *contubernium* et de la condamnation aux mines (5). Quant à l'esclavage de naissance, il subsistait, mais les jurisconsultes

(1) *Inst.* I. VIII. 2.
(2) *Dig.*, 18. 7.
(3) *Dig.*, 40. 8. 6. 1 et ib. 2.
(4) *Cod.* 9. 44.
(5) *Inst.* 3. 12. 1; *Nov.* 22. 8.

du IIIe siècle l'avaient rendu plus rare en décidant que l'enfant naîtrait libre par cela seul que la mère aurait joui d'un instant de liberté pendant sa gestation (1). C'était une conséquence inévitable du nouveau principe que ces mêmes jurisconsultes avaient posé, à savoir : « Que la ser-
» vitude est une institution du droit des gens, contraire au
» droit naturel (2). »

Mais par rapport aux biens on avait conservé l'ancien droit dans toute sa rigueur. L'esclave, n'étant qu'une chose, ne peut rien posséder : le trésor qu'il trouve, le produit de son travail, les donations, les legs, les hérédités qu'il reçoit, tout cela est pour son maître, et si ce dernier lui laisse un pécule, c'est par pure condescendance. Les mœurs cependant avaient fini par empêcher que le maître ne le lui retirât arbitrairement, et il y eut des exemples d'esclaves, qui par l'abandon de ce pécule achetèrent la liberté (3).

Une cause analogue à celle qui vers la fin de la République avait empiré la condition des esclaves, avait dans le même temps nui aux manumissions et mis les affranchis dans une situation moins favorables que celle dont ils jouissaient en vertu des Douze-Tables. « Consumé, dit M. Michelet, par la double action d'une guerre éternelle et d'un système de législation dévorante, le peuple romain disparaissait de l'Italie..... L'italie envoyait ses enfants mourir dans des pays lointains et recevait en compensation des millions d'esclaves. De ceux-ci les uns attachés aux terres les cultivaient et les engraissaient de leurs cendres. Les

<hr>

(1) PAUL. *Sent.* 24 ; *Dig.* 1. 5. 5. MARC. *Inst.* I. 4. princ.
(2) *Inst.,* I. III. 2 ; *Dig.,* 1. 5. 4. 1. FLORENTIN.
(3) *Cod. Theod.* 4. 8. 8.

autres entassés dans la ville, dévoués aux vices d'un maître, étaient souvent affranchis par lui et devenaient citoyens. Peu à peu les fils d'affranchis furent seuls en possession de la cité, composèrent le peuple romain et sous ce nom donnèrent des lois au monde. Dès le temps des Gracches ils remplissaient seuls le Forum...... Ainsi un peuple nouveau succède au peuple romain absent ou détruit. Les esclaves prennent la place des maîtres, occupent fièrement le Forum, et dans ces bizarres saturnales gouvernent par leurs décrets les Latins, les Italiens qui remplissent les légions. Bientôt il ne faudra plus demander ou sont les plébéiens de Rome (1). » Voulant sauver les derniers débris de cette classe plébéienne, Auguste mit un frein aux affranchissements qui se multipliaient dans une énorme proportion : la loi *Ælia Sentia* apporta diverses entraves aux manumissions entre-vifs, et créa une nouvelle classe d'affranchis, classe inférieure, les déditices ; la loi *Fusia Caninia* restreignit la faculté d'accorder la liberté par testament. Enfin Tibère, par la loi *Junia Norbana* régularisa la position des esclaves *in libertate*, qui formèrent une troisième classe d'affranchis, les Latins Juniens (2). Le Latin Junien, dont la condition était bien préférable à celle du déditice, pouvait en outre devenir citoyen : *beneficio principali*, par un rescrit du prince ; *liberis*, si ayant un enfant il se présentait devant le président de la province et prouvait ce fait ; *iteratione*, s'il était affranchi de nouveau avec toutes les conditions qui manquaient à son premier affranchissement ; enfin il obtenait encore la cité en servant quelque temps

(1) MICHELET. *Hist. rom.* 3. 1.
(2) *Inst.* 1. V et VI.

dans les gardes de Rome ; en construisant un navire et en transportant, six ans, du blé ; ou pour avoir élevé un édifice, établi une boulangerie, tous modes qu'Ulpien désigne par les mots : *militia, nave, œdificio, pistrino* (1).

Ces diverses classes subsistèrent jusqu'au temps de Justinien, qui les fit disparaître en accordant à tous les affranchis les droits de citoyen, et qui du même coup abrogea la loi *Fusia Caninia* (2).

En même temps qu'Auguste entourait les manumissions de plus de difficultés, il augmentait par la loi *Papia Poppœa* les droits des patrons sur la succession de leurs affranchis ; « Cette loi ordonnait que sur les biens de tout » affranchi laissant cent mille sesterces de patrimoine et » moins de trois enfants, qu'il fût décédé testat ou intestat, » le patron aurait une part virile. Ainsi, lorsque l'affranchi » avait laissé pour héritier un seul fils ou une seule fille, il » revenait au patron la moitié, comme si l'affranchi fut » mort testat et sans enfants. En cas de deux héritiers, fils » ou filles, le patron avait le tiers ; en cas de trois, il était » exclu (3). »

» Mais une constitution de Nous, ajoute Justinien, con- » tenant tout un système sur ce point, a posé les règles » suivantes. Si l'affranchi ou l'affranchie est moins que » centenaire, c'est-à-dire a moins de cent sous d'or en » patrimoine (un sou d'or valant mille sesterces), le patron » n'aura aucun droit sur leur succession, si toutefois ils en » ont disposé par testament ; car s'ils sont morts intestats,

(1) Ulp. *reg.* 3. 1 et s.

(2) *Cod.* 7. 5 et 6.; *Inst.* 1. VII.

(3) *Inst.* III. VII. 2.

» le droit du patron reste entier tel qu'il était fixé par la
» loi des Douze-Tables. Mais lorsqu'ils sont plus que cen-
» tenaires, s'ils ont des enfants héritiers ou possesseurs de
» biens, soit un, soit plusieurs, de quelque sexe ou de
» quelque degré que ce soit, ce sont ces enfants que nous
» appelons à l'hérédité paternelle, à l'exclusion totale du
» patron et de sa descendance. S'ils meurent sans enfants,
» alors s'ils sont intestats, nous appelons les patrons et les
» patronnes à la totalité de l'hérédité ; mais s'ils ont fait un
» testament et qu'ils aient omis leur patron ou leur pa-
» tronne, n'ayant pas d'enfants ou ayant exhérédés ceux
» qu'ils avaient, ou s'il s'agit d'une mère ou d'un aïeul
» maternel, les ayant passé sous silence, de sorte que leur
» testament ne puisse être attaqué comme inofficieux, dans
» ce cas le patron, d'après notre constitution, obtiendra
» par la possession de biens *contra tabulas* non pas,
» comme jadis, la moitié, mais le tiers des biens de
» l'affranchi, ou le complément de ce tiers, si l'affranchi
» ou l'affranchie leur a laissé moins que le tiers, et cela
» sans charges. De plus, sont appelés à la succession des
» affranchis non-seulement le patron, la patronne et leurs
» enfants, mais encore, à leur défaut, leurs parents colla-
» téraux jusqu'au cinquième degré (1). »

Cette législation était sans doute plus favorable aux
affranchis que celle des premiers temps de l'empire, mais
il n'en est pas moins vrai qu'elle accordait au patron
encore plus de droit qu'il en avait reçu de la loi des Douze-
Tables. Pas plus qu'autrefois il n'exista pour l'affranchi de
parenté servile ; ses seuls parents sont ses enfants, son

(1) *Inst.* III. VII. 3. trad. de M. Ortolan.

patron, les enfants de son patron et, innovation singulière, les collatéraux de son patron. Enfin, si Justinien lui accorde aisément la régénération et le droit de porter l'anneau d'or, il laisse subsister dans toute leur rigueur ses devoirs et les droits de patronage qui pèsent sur lui.

CHAPITRE III.

Le Colonat.

Ainsi d'un côté, par l'extinction du nexum et de la manus, par l'affaiblissement de la puissance du chef de famille sur les enfants et les esclaves, le droit avait progressé ; mais de l'autre, en maintenant les droits de patronage et en étendant les *jura in bonis,* il avait fait un pas en arrière. Il se montra encore plus rétrograde, en consacrant une institution, qui violait jusqu'aux traditions de la vieille Rome elle-même, le colonat, en introduisant dans la domus et sous la Puissance des personnes qui d'après l'antique droit civil auraient conservé la liberté.

Sans doute les patriciens avaient eu des colons, mais ces colons ou clients n'en étaient pas moins libres et citoyens romains et la loi des Douze-Tables les protégeait énergiquement, nous nous le rappelons, en dévouant aux dieux infernaux le patron qui les eût maltraité : « *Patronus, si clienti fraudem fecerit, sacer esto.* »

Dès le commencement de l'empire, aux anciens colons avait succédé une classe d'hommes qui tenaient le milieu entre les hommes libres et les esclaves ; c'étaient les nouveaux colons, les serfs de la glèbe (*servi terræ*), et bientôt l'institution se développant, on en distingua de deux sortes. Les uns plus rapprochés d'une condition libre et nommés par cela même *coloni, inquilini liberi, ingenui*, pouvaient, quoique attachés à la glèbe et assujettis à une redevance annuelle, devenir propriétaires et posséder un patrimoine; les autres ressemblaient davantage aux esclaves, et comme ces derniers, n'acquéraient qu'un pécule, dont ils ne pouvaient disposer à l'insu de leurs maîtres; grevés par la capitation (*census in capite*), tribut de tant par tête dont le maître faisait l'avance, ils en tiraient leur nom de *tributarii, censiti, censibus adscripti,* enfin d'*adscriptitii*.

Attachés eux et leurs descendants à tout jamais à la culture d'un domaine, ils en faisaient en quelque sorte partie intégrante; s'ils fuyaient, on les revendiquait comme esclaves et les rangs de l'armée ne leur offraient même pas un asile. Comme aux esclaves, les fonctions publiques même les plus humbles leur étaient interdites et sur eux les maîtres avaient le droit de correction. Mais ils ne pouvaient être détachés du sol qu'ils cultivaient, le propriétaire ne pouvait les vendre qu'avec la terre, et les créanciers les saisir qu'avec le fonds. Toutefois si un propriétaire avait deux fonds, dont l'un était surchargé de colons, tandis que l'autre manquait de bras pour la culture, on transportait les colons d'une terre sur l'autre, mais sans diviser la famille, le colon ne changeant de domaine qu'en emmenant avec lui sa femme et ses enfants. De plus, il était bien réellement une personne, non une chose; son mariage était valable; avant Justinien il jouissait du *connubium*, c'est-à-dire du droit de contracter de justes noces

avec une femme libre ; en sa puissance il avait ses enfants ;
il avait une famille et des parents reconnus par la loi. Un
recours lui était ouvert contre le maître du fonds si celui-ci
augmentait arbitrairement les redevances annuelles. Enfin
autrefois le colon, qui pendant trente ans avait vécu libre
de fait et hors de la terre à laquelle il appartenait, devenait libre de droit ; mais Justinien, sous prétexte de favoriser l'agriculture en décadence à son époque, ordonna
que ces colons et leur famille seraient rattachés à la glèbe,
afin, dit le texte, que la terre ne soit privée de quelque
façon que ce soit d'aucun de ses membres (1).

Plusieurs sources avaient donné naissance au colonat.
Lors des premières invasions germaniques, des tribus
barbares, fuyant de nouveaux envahisseurs, cherchèrent
un asile sur les terres de l'empire ; on les transporta dans
l'intérieur, où sous le titre de *coloni tributarii* elles furent
chargées de rendre productives des terres incultes et de
repeupler des contrées dévastées. Mais auparavant on avait
vu un grand nombre de petits propriétaires, cherchant à
échapper à l'oppression et aux exactions des agents du
fisc, se réfugier sur les terres de voisins plus puissants, et
se constituer volontairement leurs colons. Cette sorte
d'esclavage mitigé avait commencé en Italie vers la fin de
la république, alors que la propriété territoriale était concen-
trée en un petit nombre de mains, ce qui faisait dire à
Pline : « *Latifundia Italiam perdiderunt.* » Sur ces vastes
possessions des citoyens riches le colonat devint un asile
pour les citoyens pauvres. L'institution, une fois admise,

(1) *Const.* 23. *Cod.* II. 47. princ. Voy. du reste sur cette matière
les titres 47 et s. du *Cod.* L. II.

se recruta par elle-même, on fut colon par la naissance comme on était esclave, et c'est surtout à ces colons de naissance que s'applique le nom d'*originarii*. L'homme libre, qui pendant trente ans avait résidé sur la terre comme colon, demeurait colon de droit et ne pouvait plus abdiquer cette qualité. C'est ainsi, dit M. Ortolan, qu'on oubliait ce beau principe de la vieille Rome : la liberté est inaliénable, la liberté est imprescriptible (1).

(1) ORTOLAN. *Hist. du droit romain.*

DROIT FRANÇAIS

—

DE LA CONDITION CIVILE

DES ENFANTS NATURELS

PROLÉGOMÈNES.

Les enfants naturels sont ceux qui naissent hors du mariage (1) et par suite hors de la famille. Aussi les règles, qui régissent la famille légitime, ne pouvaient leur être applicables, le législateur a dû créer en leur faveur tout un système déterminant d'une part leur filiation, de l'autre leurs droits sur les biens. On l'a contesté ; bien des auteurs sans formuler leur pensée d'une manière précise, ont cependant laissé entendre que les règles générales, surtout en ce qui concerne les successions, gouvernent aussi bien les enfants naturels que les descendants légitimes. Selon nous, c'est une erreur ; le législateur ne pouvait commettre une semblable confusion : « Nous n'avons plus, dit-il, à

(1) Art. 331.

» nous occuper de cette portion brillante de la société, de
» ces enfants que le mariage a revêtus de sa dignité et
» comblés de ses faveurs. Tournons notre attention compa-
» tissante sur ces enfants malheureux, condamnés en nais-
» sant à subir la faute d'être nés, objets innocents de la
» honte qui les cache et les méconnaît, repoussés par la
» société qui les condamne et jetés loin de toute famille,
» sans autre consolation que les caresses furtives de la na-
» ture, sans autres droits que ceux de la pitié et trop sou-
» vent sans autre asile que celui de la loi. Je parle des
» enfants naturels. — S'ils ne trouvent aucune place dans
» la famille, il leur en faut une du moins dans la société :
» la loi seule peut la fixer, et c'est le dernier objet de celle
» qui vous est soumise. — Cette partie de l'ouvrage avait
» des dificultés d'un autre genre, mais qui sont avec les
» difficultés de la première partie dans la proportion de
» force et de résistance qui existe entre les opérations de
» l'esprit et les sentations du cœur. — La société ne peut
» rien souffrir qui blesse son institution fondamentale, le
» mariage. — Le sentiment naturel qui enchaîne et con-
» fond ensemble le père, la mère et les enfants est au-
» dessus du mariage et de toute institution sociale. — La
» politique étend sa rigueur calculée sur tout ce qui est
» étranger à ses maximes et étranger à ses lois. — L'hu-
» manité embrasse toute la nature et protége tout ce qui
» respire. La raison est froide et clairvoyante. — Le senti-
» ment est aveugle et impétueux, et si l'un tyrannise avec
» violence, l'autre résiste avec impassibilité. Le travail
» était donc de combiner des règles dont la balance ingé-
» nieuse pût concilier et satisfaire ensemble la nature et la
» société, le sentiment et la raison, l'humanité et la politi-

» que. Il fallait en un mot donner à la société ce qu'elle
» exige, sans blesser la nature, et à la nature ce qu'elle
» demande, sans révolter la société. » Et plus loin : « Là
» s'arrête dans le projet de loi le système de notre législa-
» tion nouvelle sur l'état et la condition des enfants nés
» hors mariage. Ce système va se compléter bientôt par la
» loi des successions, qui nous montrera quelle créance
» immobilière ou alimentaire seulement, leur sera, suivant
» les circonstances, attribuée dans les successions pater-
» nelle et maternelle (1). » Enfin dans un rapport fait au
Tribunat, M. Chabot de l'Allier s'exprima en ces termes :
« L'ancienne législation était injuste et barbare à l'égard
» des enfants naturels ; elle ne leur accordait que de sim-
» ples aliments, même lorsqu'ils étaient reconnus, et la
» totalité des biens de leur père et mère passait à leur
» préjudice aux parents collatéraux les plus éloignés et
» même au fisc. — Les lois des 4 juin 1793 et 12 bru-
» maire an II tombèrent dans un excès contraire, elles
» donnèrent aux enfants naturels tous les droits des en-
» fants légitimes. — Le projet de loi a pris un tempéra-
» ment beaucoup plus équitable et plus moral. — Il n'ac-
» corde pas aux enfants naturels les droits et les honneurs
» de la légitimité, *il ne les place pas dans la famille, il ne*
» *les appelle même dans aucun cas comme héritiers ;* mais
» il leur attribue sur les successions de leur père et mère
» un droit proportionné à la valeur des biens et dont la
» quotité se trouve plus restreinte lorsqu'il y a des enfants
» légitimes, plus étendue lorsqu'il n'y a que des ascen-

(1) *Discours prononcé au Corps législatif* par le tribun *Duveyrier.*
Séance du 2 germinal an 11.

» dants ou des frères et sœurs, et plus considérable encore
» lorsque les parents successibles sont à des degrés plus
» éloignés. Cette mesure concilie parfaitement les droits de
» nature avec ce qu'exigent les bonnes mœurs, la faveur
» due au mariage et les droits des familles. (1) »

Voilà qui est bien certain ; ce que le législateur a voulu,
c'est concilier l'humanité et les droits de la nature avec les
intérêts de la famille et de la société et il a imaginé un
système qui tient le milieu entre l'ancienne législation et
les lois de brumaire an II. Mais les droits accordés à l'enfant naturel sont des droits à part et qui n'ont rien de
commun avec ceux des enfants légitimes ; l'enfant naturel,
la loi le dit expressément, n'est point héritier et n'entre
pas dans la famille ; il est dans une situation exceptionnelle,
le droit commun lui reste étranger. Cela devient encore
plus évident lorsqu'on reporte les yeux sur le Code. Au
Titre septième du Livre premier, trois chapitres, deux
exclusivement consacré à la filiation légitime, le dernier
complétement séparé des deux autres et organisant la
filiation naturelle. Au Titre des successions, un chapitre
pour les hérédités régulières, un second pour les successions
irrégulières, et tout cela formant un droit nouveau, distinct, et parallèle au droit de la famille. Ainsi le système
imaginé par le Code est un système spécial avec ses dispositions propres, dans lequel on ne saurait introduire les
règles des autres systèmes sans violer la loi et sans apporter
une extrême confusion. C'est là un principe essentiel, fer-
tile en conséquences et dont nous aurons à faire d'importantes applications.

(1) Séance du 26 germinal an 11.

Tout d'abord la loi distingue deux classes d'enfants naturels : les naturels simples, issus d'un concubinage, puis les incestueux et les adultérins, fruits d'un crime. A ces derniers elle n'accorde qu'un droit alimentaire, aux autres elle concède plusieurs bénéfices : en premier lieu, la reconnaissance volontaire qui indique la filiation et entraîne à sa suite la soumission à la puissance paternelle et le droit de succession; en second lieu, la recherche de la maternité, et, dans certains cas, de la paternité, qui procure aux enfants les avantages de la reconnaissance volontaire ; puis enfin la légitimation, qui sans doute est un corollaire de la reconnaissance, mais qui, restreinte à une seule hypothèse, n'en est pas une conséquence forcée. Ces divers bénéfices feront d'abord le sujet de notre étude, nous examinerons ensuite la position faite par le Code aux enfants naturels adultérins ou incestueux.

PREMIÈRE PARTIE.

CHAPITRE I.

De la reconnaissance volontaire.

1. — Ce que c'est que la reconnaissance et par qui elle peut être faite.

La reconnaissance est l'aveu légal de la paternité ou de la maternité, c'est-à-dire d'un fait essentiellement personnel au père ou à la mère. Il suit de là que ces derniers seuls ont qualité pour la faire et qu'elle ne pourrait valablement être faite par le père ou la mère dont le fils ou la fille aurait eu un enfant naturel, ni par le tuteur, si le père ou la mère de l'enfant se trouvait en état de minorité ou d'interdiction.

Il résulte aussi des termes de l'article 336 que la reconnaissance ne pourrait être faite par le père de l'enfant pour la mère et réciproquement. Ainsi le père, qui reconnaîtrait l'enfant, ne serait pas admis à désigner la mère, ni, dans le même cas, la mère à désigner le père, et l'officier public ne devrait ni recevoir ni consigner dans l'acte une telle désignation. En ce qui concerne la désignation du père par la mère, nulle contestation ; tout le monde admet que si elle n'invalide pas la reconnaissance faite par la mère, elle ne produit aucun effet à l'égard de celui qu'on indique comme père, que bien plus, elle peut provoquer contre la mère et contre l'officier public une action en dommages-intérêts et même une poursuite en diffamation, aux termes des articles 13 et 18 de la loi du 17 mai 1819. « Au con-» traire, dit M. Zachariæ, l'homme, qui reconnaît un » enfant naturel, doit être admis à déclarer, sous sa res-» ponsabilité, la mère de cet enfant, et l'officier public, » qui reçoit la reconnaissance, ne pourrait se refuser à » recevoir cette déclaration (1). » Et avec M. Zachariæ, plusieurs auteurs enseignent et la jurisprudence établit qu'au lieu d'être illégale cette désignation produit effet à l'égard de la mère, si cette dernière la confirme par son aveu. Cette doctrine est entièrement contraire aux termes et à l'esprit de l'article 336, où il est dit que : « la recon-naissance du père sans l'indication et l'aveu de la mère n'a d'effet qu'à l'égard du père. » Il est donc nécessaire que l'aveu soit concomittant à l'indication pour que celle-ci produise un effet, sinon elle est nulle et non avenue. D'ailleurs en vertu de quel droit le père aurait-il plus qua-lité pour désigner la mère que celle-ci pour désigner le père ; certes dans les deux cas la désignation est illégale et ne saurait être reçue par l'officier public.

Si la reconnaissance de la paternité ne peut être faite que par le père et la reconnaisance de la maternité que par la mère, du moins il n'est pas douteux qu'ils ne puissent

______

(1) ZACHARIÆ, T. IV, p. 45.

se faire représenter par un fondé de pouvoir et reconnaître simultanément l'enfant dans un seul et même acte.

On a discuté sur la question de savoir s'il était nécessaire, pour reconnaître un enfant naturel, d'avoir la même capacité que pour contracter. On s'est demandé si un mineur pourrait seul et sans l'autorisation de son tuteur faire une telle reconnaissance; si une femme mariée le pourrait sans l'autorisation de son mari ou de justice; si un interdit le pourrait dans un intervalle lucide.

A l'égard du mineur on opérait une distinction. Une fille mineure a-t-elle reconnu son enfant naturel, rien n'est plus juste, disait-on, plus conforme à l'esprit de la loi que d'admettre la validité de cette reconnaissance. Le concubinage auquel l'enfant a dû le jour est une faute grave que la mère a commise et elle a dû la réparer. Au contraire, s'agit-il d'un garçon mineur, on ne peut dire de lui, comme on le dit de la femme, qu'ayant commis une faute grave il n'a fait que la réparer en se reconnaissant le père de l'enfant, car, selon le droit romain : *mater semper certa, pater vero incertus*. Si c'était là le seul argument que l'on invoquât en faveur de ce système, il serait bien vite jugé. Mais on est allé plus loin, on s'est emparé de l'article 1124 et l'on a dit : cet article s'applique non-seulement aux contrats mais en général à tous les engagements qui dérivent de la seule volonté de la personne obligée, donc à la reconnaissance. Cette conclusion est fausse; la reconnaissance est un engagement *sui generis*, qui a ses règles à part et n'emprunte rien aux règles des contrats, et cela devient surtout sensible si l'on se rappelle ce principe déjà démontré que les enfants naturels, en tant qu'enfants naturels, sont soumis à un régime exceptionnel et en dehors du droit commun. Or nulle part la loi n'a défendu à un mineur de reconnaître son enfant, donc il le peut même sans l'autorisation de son tuteur, car c'est un droit exclusivement personnel.

Pour la femme mariée il ne doit pas y avoir de question, sa capacité résulte implicitement mais formellement des termes de l'article 337.

Enfin nous déciderons avec la plupart des auteurs et avec la jurisprudence que la reconnaissance peut être valablement faite :

Par un mineur émancipé sans l'assistance de son curateur (1).

Par une personne interdite judiciairement pour cause d'imbécillité, de démence ou de fureur, si elle se trouve dans un intervalle lucide, et *a fortiori* par une personne interdite légalement (2).

Par une personne pourvue d'un conseil judiciaire, sans l'assistance de ce conseil ; d'autant plus que les articles 499 et 513, qui déterminent limitativement les actes pour lesquels cette assistance est requise, n'y comprennent pas la reconnaissance d'un enfant naturel (3).

2. — *A quelle époque, en quelle forme et comment la reconnaissance peut être faite.*

1. La reconnaissance peut être faite pendant toute la durée de la vie de l'enfant ; cela est incontestable, la loi

(1) Aix 3 déc. 1807. Sirey, 1807. II. 693.
(2) Demolombe, T. V. p. 370.
(3) Demolombe, T. V. p. 370 ; Douai, 23 janv. 1819. Sirey, 1820. II. 102.

sur ce point a laissé dans l'article 334 toute latitude aux parents naturels.

C'est aussi un point consacré par une jurisprudence constante et par une doctrine unanime qu'un enfant naturel peut être reconnu dans l'intervalle qui sépare la conception de la naissance et cela en vertu de la vieille maxime de droit : *qui in utero est pro jam nato habetur, quoties de commodis illius agitur*, dont l'article 906 du Code civil n'est lui-même qu'une application (1). Si l'enfant naturel n'a pas été reconnu de son vivant, il peut l'être après son décès, s'il laisse des enfants légitimes. En effet, la loi qui, dans un cas semblable, a permis la légitimation par mariage subséquent (art. 332), n'a pu interdire la reconnaissance, qui alors profitera aux descendants de l'enfant naturel prédécédé. Mais la question est plus délicate lorsque ce dernier ne laisse pas de postérité, lorsque par conséquent la reconnaissance ne peut plus profiter qu'au père ou à la mère qui la fait. MM. Aubry et Rau, après avoir exprimé l'opinion que la reconnaissance valable en elle-même ne confère point à celui dont elle émane le droit de succéder à l'enfant au préjudice des droits acquis à des tiers, établissent plus loin une distinction entre la reconnaissance volontaire et le jugement déclaratif de maternité : « Un jugement déclaratif de maternité produirait, » disent-ils, sous ce rapport des effets plus étendus qu'une » reconnaissance volontaire. Ainsi la mère d'un enfant

____

(1) Voy. Req. rej. 16 déc. 1811 ; Aix 10 fév. 1810, DALLOZ, patern. et filiat. p. 325 ; Orléans, 16 janv. 1847, DALLOZ D. P. 1847. 2. 17 ; TOULLIER, T. II. n° 955 ; MARCADÉ, sur l'art. 334 ; DEMOLOMBE. 5. 414.

» naturel pourrait, en prouvant sa maternité conformé-
» ment à l'article 341, réclamer en vertu de l'article 765
» la succession de cet enfant, quoiqu'elle ne l'eût pas re-
» connu volontairement avant son décès (1). » C'est là un
système arbitraire; en vertu de quel texte déclarer d'abord
la reconnaissance valable et lui enlever ses effets; puis,
qu'elle est cette distinction entre ce qu'on nomme la reconnaissance forcée et la reconnaissance ordinaire, où
voit-on que la première emporte plus de priviléges?
M. Demolombe est plus entier, il soutient que non-seulement la reconnaissance d'un enfant naturel décédé sans
postérité peut être valablement faite, mais qu'elle doit
produire ses effets quant au droit de succession, soit qu'elle
émane du père, soit qu'elle émane de la mère, et voici ses
arguments : « C'est sans doute, avant tout, pour le père et
» la mère naturels un devoir de reconnaître leur enfant,
» mais c'est aussi assurément une faculté, un droit civil,
» dont il n'appartient qu'à la loi de limiter l'exercice. —
» Or aucun texte n'a subordonné l'existence de ce droit à
» des délais quelconques; si l'article 332 porte que la légi-
» timation peut avoir lieu en faveur des enfants qui ont
» laissé des descendants, c'est qu'en effet la légitimation
» ne peut avoir de sens et d'effet que dans cette hypothèse;
» mais aucun texte pareil ne déclare que la reconnaissance
» elle-même ne peut avoir lieu qu'en faveur de l'enfant
» naturel qui a laissé des descendants; — donc la recon-
» naissance est possible même après son décès sans posté-
» rité (2). » Nous ne partageons pas cette manière de

(1) Aubry et Rau, T. IV. p. 66. n° 17 et p. 46. n° 28.
(2) Demolombe, T. V. p. 394.

voir. Si par une faveur spéciale on étend les dispositions exceptionnelles de l'article 332 à la reconnaissance, du moins ne doit-on les appliquer que dans les mêmes circonstances et pour les mêmes cas, c'est-à-dire, lorsqu'il y a des descendants, sinon on s'expose à tomber dans un arbitraire absolu. Puis en définitive il faut que la reconnaissance ait un objet; si le fils naturel laisse des enfants, ceux-ci représentant leur père, perpétuant sa personne seront mis à sa place, mais si le fils naturel meurt sans postérité, que reste-t-il? — le néant; — et alors sur quoi portera la reconnaissance? — D'ailleurs dans quelle forme serait-elle faite, — dans l'acte de décès? Mais la loi ne parle que de l'acte de naissance. — Dans un acte authentique? Mais nous répéterons qu'on ne peut conférer de droits à un mort et que le néant ne peut acquérir. Le législateur l'a si bien senti qu'il n'a permis la légitimation après décès que pour le cas où la postérité de l'enfant le suppléerait, indiquant par là même que telle était aussi sa pensée en ce qui concerne la reconnaissance. Enfin ajoutons qu'il serait contraire à tous les principes qu'un individu pût par une reconnaissance tardive et entièrement dépendante de sa volonté priver des tiers, ou même l'État, d'un droit régulièrement acquis. Aussi la cour de Paris a, par un arrêt du 26 avril 1852, décidé que la reconnaissance d'un enfant naturel faite après son décès et pour recueillir sa succession n'est pas valable (1); et déjà la Cour de Nancy, sur les conclusions de M. l'avocat général Troplong, avait, le 26 juillet 1830, déclaré que la mère de l'enfant naturel, si elle ne l'a pas reconnu de son vivant, ne peut le recon-

(1) Dalloz D. P. 1853. 2. 181.

naître après sa mort, ni être admise à prouver par témoins sa maternité (1).

Par les mêmes motifs, je crois la validité de la reconnaissance, faite en faveur d'un enfant naturel présumé ou déclaré absent, subordonnée à une condition. Si la reconnaissance a été faite avant la mort, elle produira tous ses effets; mais si au moment de l'acte l'absent était déjà décédé, la reconnaissance sera nulle et non avenue, pourvu qu'il n'y ait pas de descendants.

II. « La reconnaissance d'un enfant naturel sera faite dans un acte authentique lorsqu'elle ne l'aura pas été dans son acte de naissance (art. 334). » La loi l'a ainsi voulu afin de donner à la reconnaissance une date certaine, afin d'en assurer la conservation et l'irrévocabilité et aussi dans la pensée que la présence d'un officier public serait une garantie contre les violences, les manœuvres, les entraînements de toute nature, si à craindre dans cette sorte d'acte.

Mais l'article 334 n'a pas indiqué quels officiers publics seraient compétents pour recevoir les déclarations de reconnaissance ; toutefois personne ne conteste qu'en cette matière les officiers de l'état civil et les notaires aient également qualité.

La compétence de l'officier de l'état civil est toute territoriale et pourvu qu'il exerce son ministère dans les limites de sa commune il importe peu que les parties, soit l'auteur de la reconnaissance, soit l'enfant reconnu, soient domiciliées dans cette commune même. Si la reconnaissance n'a pas eu lieu dans l'acte de naissance, elle peut être faite

(1) GARNIER, *Jurisp. de Nancy*, v° filiat. nat. n° 2.

dans un acte postérieur, qui aux termes de l'article 62 sera inscrit sur les registres et dont il sera fait mention en marge de l'acte de naissance, ou bien, d'après l'article 331, dans l'acte de célébration de mariage des père et mère.

L'article 334 exige un acte authentique, or, par l'article 1 de la loi du 25 ventôse an XI, les notaires sont chargés de recevoir tous les actes auxquels les parties veulent ou doivent faire attacher le caractère d'authenticité, donc les notaires sont compétents à la condition de recevoir l'acte dans les limites de leur ressort et d'observer les formalités prescrites par les lois du 25 ventôse an XI et du 21 juin 1843. Aussi en vertu des prescriptions imposées par ces lois aux notaires il faut décider que la reconnaissance ne peut être délivrée en brevet. Les articles 20 et 68 de la loi de ventôse sont formels : « les notaires doivent, à peine de nullité garder minute de tous leurs actes, excepté des actes simples, qui d'après les lois peuvent être délivrés en brevet. » Or, il est bien certain que le Code Napoléon n'a pas autorisé les notaires à rédiger de cette manière les actes de reconnaissance ; l'exception n'a pas été prononcée, on reste donc dans le droit commun. — De plus je pense que l'acte de reconnaissance reçu par un notaire doit être transcrit sur les registres de l'état civil. Les expressions dont se sert l'article 62 sont générales : « l'acte de reconnaissance d'un enfant sera inscrit à sa date sur les registres et il en sera fait mention en marge de l'acte de naissance, s'il en existe un. » Il n'est pas exact de dire, comme le fait M. Demolombe (1), qu'il s'agit ici seulement de l'acte reçu par un officier de l'état civil, car la

(1) Demolombe, T. V. n° 397.

loi n'a pas spécifié. Mais la thèse, que soutient M. Demolombe, paraît encore plus étonnante, si on prend garde au soin que le législateur a eu de porter à la connaissance de tous les modifications apportées dans la condition des citoyens en ordonnant la mention en marge des registres de tout jugement et de tout acte concernant l'état des personnes (art. 93, 95, 97, 98, 101). On ne concevrait pas l'exception créée par le Code en faveur des actes de reconnaissance reçus par un notaire et le système de clandestinité qui en résulterait inévitablement.

La reconnaissance d'un enfant naturel ressort encore de la déclaration faite par une partie dans un interrogatoire sur faits et articles ou une enquête, et consignée par le juge sur le procès-verbal de ses opérations, ou bien de l'aveu fait en justice lorsque le tribunal en a donné acte (1); car, dit Loiseau, « l'autorité judiciaire a sans doute été établie pour vider les procès et non pour recevoir les actes de l'état civil ; mais comme la loi imprime le caractère de l'authenticité à tous les actes émanés de cette autorité et qu'elle ne lui assigne aucune limite, il en résulte que la plus simple déclaration devient irréfragable quand elle est constatée par le juge (2). »

Mais ni les huissiers, ni les commissaires de police, ni les maires, ni les préfets, ni les ministres du culte ne sont compétents pour recevoir un acte de reconnaissance.

De ce que la reconnaissance peut être faite par acte notarié, il s'en suit que faite dans un testament public elle est valable. Mais ni le testament olographe, ni le testament

(1) Aubry et Rau, T. IV, p. 50.
(2) Loiseau, p. 457.

mystique n'ont ce pouvoir ; on oppose que ce dernier est reçu par un notaire, que la suscription est un acte notarié, mais il n'en est pas moins vrai que le testament en lui-même reste un acte sous seing privé, dont le notaire ne connaît pas les dispositions et dont par conséquent il n'a pu attester le contenu.

Lorsque la reconnaissance, au lieu d'être faite par le père ou la mère en personne, l'est par un fondé de pouvoir, ce dernier doit être muni d'une procuration spéciale et authentique. C'était déjà un point établi autrefois, mais qui aujourd'hui ne saurait faire l'objet d'aucun doute en présence de l'article 2 de la loi du 21 janvier 1843, dont voici la teneur : « A l'avenir, les actes notariés contenant donation entre vifs, donation entre époux pendant le mariage, révocation de donation ou de testament, reconnaissance d'enfant naturel et les *procurations pour consentir ces divers actes* seront, à peine de nullité, reçus conjointement par deux notaires ou par un notaire en présence de deux témoins. »

Enfin il n'est pas besoin de termes sacramentels ; pour que la reconnaissance soit valable il suffit que la volonté de reconnaître l'enfant résulte clairement des expressions et du sens général de l'acte ; il n'est pas plus nécessaire que ce dernier soit fait séparément et *ad hoc*, la reconnaissance peut fort bien être consignée même accessoirement dans tout acte authentique, quel qu'en soit du reste l'objet principal.

3. — *Cas dans lesquels la reconnaissance est nulle, annulable. Par qui et pendant combien de temps elle peut être attaquée.*

I. Il est des cas où la reconnaissance, nulle de plein droit, ne peut produire aucun effet légal ; il en est d'autres, où sans être radicalement nulle, elle peut seulement être annulée par les tribunaux sur la demande de ceux à qui appartient le droit de l'attaquer.

La reconnaissance est nulle de plein droit, lorsqu'elle manque des conditions essentielles et constitutives de son essence, ainsi :

1° Lorsqu'elle a été faite par une personne autre que le père ou la mère eux-mêmes, sans leur procuration spéciale et authentique, car il est évident qu'un tel acte leur est entièrement étranger (1) ;

2° Lorsqu'il n'y a pas eu volonté réelle, comme si au moment de l'acte celui qui l'accomplissait, se trouvait en état de démence ;

3° Lorsque l'officier public est incompétent en raison de sa qualité ;

4° Lorsqu'elle a été consignée dans un acte sous signature privée (2).

Cette dernière proposition a soulevé une vive controverse, on a soutenu que la reconnaissance sous seing privé n'était pas absolument nulle, qu'elle pouvait être rendue authentique malgré celui qui l'avait souscrite et que même

(1) Demolombe, T. V, p. 396.
(2) Aubry et Rau, T. IV, p. 55.

en restant à l'état d'écrit privé elle produisait cependant certains effets.

La reconnaissance sous seing privé, dit-on, peut devenir authentique par l'effet d'un jugement déclarant que l'acte émane véritablement de celui ou de celle à qui on l'attribue ; on ajoute que l'article 334 n'exige pas un acte authentique sous peine de nullité, et enfin que d'après l'art. 1322 « l'acte sous seing privé reconnu par celui auquel on l'oppose, ou légalement tenu pour reconnu, a entre ceux qui l'ont souscrit et entre leurs héritiers et ayants cause la même foi que l'acte authentique (1). »

Cette argumentation est un oubli des principes et il faut revenir à ceux que nous avons posés au début, à savoir que les règles régissant la condition des enfants naturels sont exceptionnelles et que la reconnaissance est un acte à part n'ayant aucune relation avec les contrats ordinaires ; par conséquent l'article 1322 n'est pas applicable, sans quoi il faudrait admettre que la reconnaissance par acte sous seing privé vaudra tout autant dans certains cas que la reconnaissance par acte public, ce qui est une violation de l'article 334. — Mais l'acte pourra devenir authentique par un jugement. — A cela nous répondrons que les tribunaux n'ont pas un tel pouvoir dans le cas actuel, car l'action portée devant eux a tous les caractères de la recherche de paternité et l'article 340 la défend expressément. — Mais l'article 334 n'exige pas un acte authentique à peine de nullité. — C'est parce que la forme authentique est ici solennelle, substantielle, essentiellement constitutive enfin d'une reconnaissance d'enfant naturel et

(1) Toullier, T. II. N° 951.

nous ajouterons avec M. Demolombe : « Le but de l'article
» 334, en exigeant que la reconnaissance soit faite par acte
» authentique est, avant tout, d'en garantir la liberté et la
» sincérité, est de prévenir les obsessions et les surpri-
» ses (1). »

Tout au plus pourrait-on dire que l'acte sous seing privé
servirait dans le cas exceptionnel où l'article 340 permet
la recherche du père. Encore même dans ce cas l'écrit
privé serait sans doute un des plus puissants moyens de
l'action, mais la preuve de la filiation loin de résulter de la
vérification ou de la reconnaissance d'écriture faite en
justice, dériverait uniquement de la décision judiciaire
déclarative de paternité.

D'autres auteurs, comme MM. Proudhon et Duranton (2), enseignent que l'acte de reconnaissance sous seing
privé, nul à l'égard du père, devient authentique à l'égard
de la mère par la vérification ou la reconnaissance d'écriture faite en justice. — Mais l'article 334 ne met aucune
distinction entre le père ou la mère en ce qui concerne les
formalités de la reconnaissance, et si l'article 341 admet
la recherche de la maternité est-ce à dire que le porteur
de l'acte sous seing privé n'aura qu'à conclure à la vérification d'écriture, que les magistrats n'auront qu'à la déclarer vérifiée et reconnue, et ne pouvant se livrer à une
instruction plus complète, entendre des témoins, n'obtiendront aucun pouvoir d'appréciation ! Un tel système est
inadmissible, autant vaudrait dire que la reconnaissance
de la maternité naturelle peut avoir lieu par acte sous

(1) Demolombe, T. V, p. 398.
(2) Proudhon, T. II, p. 173; Duranton, T. III, N° 227.

seing privé. Au contraire il faut admettre avec M. Demolombe que l'acte sous seing privé n'est qu'un commencement de preuve par écrit, et avec MM. Aubry et Rau que
l'article 341 en permettant la recherche de la maternité
entend en faire résulter la preuve de la seule décision judiciaire qui la déclare (1).

En second lieu, on a soutenu que l'acte de reconnaissance sous seing privé donnait tout au moins à l'enfant
ainsi reconnu le droit de réclamer des aliments et l'on s'est
appuyé sur ce que la loi naturelle oblige les père et mère
à nourrir leur enfant. — Les partisans de cette doctrine
n'ont pas remarqué qu'ils commettent une véritable péti-
tion de principes ; la reconnaissance par acte sous seing
privé est nulle, elle ne donne pas à l'enfant le droit de
porter le nom de l'auteur de cet acte, elle ne le soumet
pas à sa puissance, elle ne lui attribue aucun droit de suc-
cessibilité, en un mot elle n'indique pas la filiation, on en
convient, et on veut qu'un droit essentiellement lié à la
filiation et qui en dérive existe au profit d'un individu sans
état, en un mot qu'un enfant réclame des aliments à des
personnes qui aux yeux de la loi ne sont ni son père, ni sa
mère. — Mais si l'acte, outre la reconnaissance, contient
l'obligation de fournir des aliments, si cette obligation se
trouve consignée sans que la filiation soit indiquée, alors,
dit-on, il ne s'agit plus ici que d'une obligation ordinaire
et en général l'obligation peut être consentie par acte sous
seing privé. — Dans la première hypothèse nous répondrons que l'acte, tel qu'il a été fait, est une reconnaissance
d'enfant naturel et que l'obligation de fournir des aliments

(1) DEMOLOMBE, T. V, N° 423 ; AUBRY et RAU, T. IV, p. 59.

à cet enfant n'est là que l'énonciation d'un des effets de cette reconnaissance, que la reconnaissance, c'est-à-dire, la cause même de ces effets, étant nulle, l'obligation de four-nir des aliments se trouve du même coup frappée de nul-lité. — Dans la seconde, que les aliments ne sont dus que par des parents, qu'en dehors de toute relation de parenté, cette obligation est sans cause et que toute obligation sans cause est nulle (Art. 1108. 1131). Et si on invoque alors la filiation et la paternité pour cause, on retombe dans l'autre branche du dilemme, car la paternité ne peut être indiquée que par une reconnaissance authentique.

Quant aux sommes déjà payées en vertu de l'acte sous seing privé, elles ne sont pas sujettes à répétition, non parce que l'acte a quelque valeur, mais parce qu'en fait de meubles, possession vaut titre (Art. 2279).

II. La reconnaissance est simplement annulable lorsque l'acte qui la constate a été reçu par un officier public ayant sans doute qualité à cet effet, mais incompétent, ou lors-qu'il existe un vice de forme (1). Le dol, l'erreur, la vio-lence vicient la reconnaissance comme toute autre mani-festation de la volonté et la rendent annulable (Art. 1109). Les tribunaux ont, du reste, sur les faits articulés, tout pouvoir d'appréciation.

III. Quant aux personnes qui peuvent non-seulement invoquer la nullité de la reconnaissance, mais même l'at-taquer lorsqu'elle n'est qu'annulable, la loi est large : « Toute reconnaissance de la part du père ou de la mère, dit l'article 339, de même que toute réclamation de la part de l'enfant pourra être contestée par tous ceux qui y au-

(1) Demolombe, T. V, N° 433.

ront intérêt. » Ainsi, la nullité sera proposée par l'auteur même de la reconnaissance, par l'enfant reconnu, par la personne qui aurait déjà reconnu ou qui voudrait reconnaître le même enfant, par les héritiers ou successeurs de celui qui a fait la reconnaissance, par toute personne enfin ayant un intérêt quelconque, comme un donataire qui prétendrait qu'elle a eu lieu dans le seul but de produire, au moyen d'une légitimation par mariage, la révocation de la donation entre-vifs. Mais il faut soigneusement distinguer les personnes ayant un intérêt moral à combattre la reconnaissance de celles qui ont simplement un intérêt pécuniaire. Tandis que l'action des premières est imprescriptible comme toute réclamation d'état, l'action des autres est soumise à la prescription de trente ans (1), même dans les cas de violence, de dol et d'erreur (2).

4. *Des effets de la reconnaissance.*

La reconnaissance constitue un titre au profit de l'enfant naturel et ce titre est irrévocable, en effet : « ce n'est » point, dit **M.** Demolombe, une offre, ce n'est point une » libéralité qui ait besoin d'être acceptée et qu'on puisse » jusque là retirer et reprendre, c'est une déclaration pure » et absolue que la loi, qui l'autorise, accepte pour ainsi » dire au nom de l'enfant et de la société et qui ne peut » plus être rétractée.... rétractée, bien entendu, volontai- » rement et par le seul fait de son auteur ; sauf le droit

(1) Marcadé, *sur l'art.* 339.
(2) Zachariæ, T. IV, p. 61.

» qui peut lui appartenir d'en demander lui-même l'annu-
» lation en justice (1). »

Toutefois il faut admettre que, faite dans un testament authentique, la reconnaissance peut être annihilée par un testament postérieur révoquant le premier d'une manière expresse, et cela parce que l'article 1036 ne fait aucune distinction entre les diverses sortes de dispositions testamentaires.

Au titre qui résulte de la reconnaissance, certains auteurs assimilent la possession d'état et lui accordent les mêmes effets. La possession d'état, disent-ils, est une véritable reconnaissance ; lorsqu'un homme a constamment et publiquement traité un enfant comme le sien, lorsqu'il l'a présenté comme tel dans sa famille, dans la société, lorsqu'il lui a donné son nom, lorsqu'il a en qualité de père toujours pourvu à ses besoins, à son entretien, à son éducation, il est impossible de ne pas dire qu'il l'a reconnu. Il est vrai que cette reconnaissance n'est pas consignée dans un acte, tout ce qu'il faut en conclure, c'est qu'elle est plus complète et plus décisive encore (2). — Admettre un pareil système, introduire ici les règles posées dans les articles 320 et 321 en faveur des enfants légitimes c'est rayer du Code l'article 334 et mettre en oubli le principe fondamental, que la condition des enfants naturels est régie par des dispositions exceptionnelles et particulières. — D'autres moins hardis et moins logiques considèrent la possession d'état comme une preuve de la filiation natu-

---

(1) DEMOLOMBE, T. V, n° 454.
(2) DEMOLOMBE, T. V, p. 459 ; VALETTE, sur Proudhon, T. II, p. 150.

relle à l'égard de la mère seulement (1). — Nous préférons l'opinion de Marcadé, de Toullier et de Zachariæ (2), nous croyons comme eux que la possession d'état ne prouve la filiation naturelle ni à l'égard du père, ni à l'égard de la mère, et cette doctrine à notre avis a du moins le mérite d'être entièrement conforme à l'article 334 du Code Napoléon.

Peut-on aussi assimiler à l'enfant légitime jouissant du titre et de la possession d'état l'enfant naturel qui se trouve dans la même position ; autrement dit l'article 322 est-il également applicable à la filiation légitime et à la filiation naturelle? Je ne le pense pas. Outre ce que j'ai déjà dit sur les règles différentes qui séparent les deux matières, l'article 339 me semble absolu, l'enfant naturel peut toujours contester sa qualité d'enfant reconnu. On conçoit cette faveur; ici, bien plus que dans la filiation légitime, la loi a dû craindre les mensonges et les fraudes. C'est tantôt une jeune fille qui a commis une faute et dont on veut sauver la réputation par le secret, tantôt des parents même légitimes qui dans un intérêt quelconque font disparaître leur enfant et trouvent d'autres personnes qui, à telles et telles conditions, acceptent soit la paternité soit la maternité, et l'on voudrait interdire à l'enfant, victime de ces suppositions, de rechercher sa véritable filiation et de revendiquer peut-être sa qualité d'enfant légitime !

Ainsi la reconnaissance constitue un titre irrévocable

(1) DELVINCOURT, T. I, p. 90. n° 1 ; PROUDHON, T. II, p. 143, 144. DURANTON, T. III, n° 238.

(2) TOULLIER, T. II, n° 970, 971 ; MARCADÉ, T. II, art. 340, n° 6. ZACHARIÆ, T. IV, p. 14.

mais qui toujours peut devenir le sujet d'une contestation dans les cas déterminés par la loi. Tant qu'elle n'est pas annulée, elle indique la filiation.

Valablement faite elle est opposable aux tiers et produit ses effets envers et contre tous, sauf dans le cas où l'article 337 a introduit une exception sur laquelle nous présenterons plus tard quelques développements. Elle donne à l'enfant le droit de porter le nom de celui qui l'a reconnu, de venir à son hérédité en même temps qu'elle le soumet à sa puissance paternelle. Ce sont là les effets essentiels de la reconnaissance, ses conséquences inévitables, ses corollaires principaux.

COROLLAIRES.

1. *Soumission à la puissance paternelle.*

Malgré le silence de l'article 383, il est évident que l'enfant naturel à tout âge doit honneur et respect à son père et à sa mère qui l'ont reconnu. C'est un devoir naturel que les législateurs ont imposé à tous les enfants et que la morale commanderait à défaut de la loi.

Comme conséquence, les enfants naturels sont obligés dans les hypothèses des articles 148 et 149 de demander avant le mariage le consentement de leurs parents, ou dans les hypothèses des articles 151, 152, 153, 154 et 155 de leur demander conseil par un acte respectueux et formel (art. 158).

Comme conséquence encore et s'ils manquent gravement à leurs devoirs, ils sont passibles des peines édictées dans l'article 312 du Code pénal ; mais si l'attentat a atteint les dernières limites, la loi les punissant toujours comme les enfants légitimes, leur applique les dispositions des articles 13 et 299 du même Code.

Toutefois c'est l'article 383 C. civ. qui, véritablement, soumet l'enfant naturel à la puissance paternelle en rendant communs aux père et mère des enfants légalement reconnus les articles suivants :

« Si l'enfant est âgé de moins de seize ans, le père pourra le faire détenir pendant un temps qui ne pourra excéder un mois ; et à cet effet le président du tribunal d'arrondissement devra sur sa demande délivrer l'ordre d'arrestation. » (Art. 376.)

« Depuis l'âge de seize ans commencés jusqu'à la majorité ou l'émancipation, le père pourra seulement requérir la détention de son enfant pendant six mois au plus : il s'adressera au président dudit tribunal, qui, après en avoir conféré avec le procureur impérial, délivrera l'ordre d'arrestation ou le refusera et pourra dans le premier cas abréger le temps de la détention. » (Art. 377.) Puis viennent les articles 378 et 379 qui obligent le père à fournir des aliments convenables, à payer les frais ; lui permettent d'abréger le temps de la détention et de réclamer de rechef l'incarcération si à sa sortie de prison l'enfant tombe dans de nouveaux écarts.

Tel est le droit de correction ; il appartient à celui des parents qui a reconnu et si tous les deux ont reconnu, il est exercé par le père. Reste une question. D'après les articles 380, 381 et 382, le droit de correction en ce qui concerne les enfants légitimes est dans certains cas, modifié quant à ses conditions d'exercice.

Ainsi dit l'article 380 : « Si le père est remarié, il sera tenu pour faire détenir son enfant du premier lit, lors même qu'il serait âgé de moins de seize ans, de se conformer à l'article 377. »

L'article 381 : « La mère survivante et non remariée ne pourra faire détenir son enfant qu'avec le concours des deux plus proches parents paternels et par voie de réquisition conformément à l'article 377. »

Enfin l'article 382 : « Lorsque l'enfant aura des biens personnels ou lorsqu'il exercera un état, sa détention ne pourra, même au-dessous de 16 ans, avoir lieu que par voie de réquisition, en la forme prescrite par l'article 377. — L'enfant détenu pourra adresser un mémoire au Procureur général près la Cour impériale. Celui-ci se fera rendre compte par le Procureur impérial près le Tribunal de première instance et fera son rapport au Président de la Cour impériale, qui après en avoir donné avis au père et après avoir recueilli tous les renseignements pourra révoquer ou modifier l'ordre délivré par le Président du Tribunal de première instance.

Or l'article 383 ne mentionne aucun de ces articles ; la question est donc de savoir s'ils sont applicables au père et à la mère de l'enfant naturel ?

Je n'hésite pas à l'affirmer. Et d'abord l'objection tirée du silence de l'article 383 n'est pas concluante, car les articles 371, 372 et 374 n'y sont pas davantage mentionnés et nul ne voudrait cependant soutenir qu'ils ne sont pas communs à tous les enfants, soit légitimes, soit naturels. D'ailleurs le silence du législateur s'explique ; en arrivant aux articles 380 et 381 il a rencontré ces mots : le père remarié et la mère non remariée, dont la rédaction supposant un premier mariage ne convenait pas textuellement aux père et mère naturels, et alors il lui aura paru suffisant de rappeler dans l'article 383 les règles principales du droit de correction, règles dont les articles 380, 381 et 382 ne sont que la suite et le complément. Remarquons en effet que les articles 376 à 379 ne sont applicables que sous les conditions et modifications inséparables apportées par les articles 380, 381 et 382 et que retrancher ces articles lorsqu'il s'agit d'enfants naturels c'est mutiler le système organisé par le Code. M. Demolombe dit avec raison qu'il ne serait ni logique, ni moral d'accorder aux père et mère naturels plus d'autorité qu'aux père et mère légitimes : « Est-ce qu'en effet les père et mère naturels » peuvent inspirer à la loi autant de confiance que les père » et mère légitimes ? Est-ce qu'ils ne sont pas au con- » traire tout d'abord suspects par le fait même de leur » inconduite ? — Et l'enfant lui-même ! — Est-ce qu'il » n'a pas encore plus besoin de protection et de garantie » que l'enfant légitime ? — L'enfant légitime, mais il a » pour lui toute sa famille, qui peut intervenir, intercéder, » qui même sans agir contient peut-être par sa seule » présence les injustes ressentiments du père ou de la mère. » — L'enfant naturel, lui, il est tout seul ! Point de famille ! » Des indifférents partout, souvent même des adversaires » et des ennemis parmi les parents de ses père et mère. — » Et l'on accorderait aux père et mère naturels plus de » pouvoir qu'aux père et mère légitimes ! — Non ; cela ne » serait ni moral, ni logique (1). »

Mais, nous dira-t-on, vous qui avez posé en principe que

(1) Demolombe, T. VI, p. 521.

le système organisé en vue des enfants naturels est un système spécial qu'on ne peut nullement assujettir aux règles des autres systèmes, vous voilà en contradiction avec vous-même. — Non ; le Code en ce qui touche la puissance paternelle a assimilé les enfants naturels aux enfants légitimes, cela résulte évidemment des articles 371, 372, 374, 151, 152, 153, 154, 155, 158, 383, 376, 377, 378, 379 qui tracent des dispositions générales auxquelles, parce qu'il n'en est rien dit, on ne saurait soustraire les exceptions des articles 380, 381 et 382 ; cela ressort avec plus d'évidence encore des articles 312, 13 et 299 du Code pénal, et si sur ce point il restait l'ombre d'un doute, elle serait promptement dissipée par ces paroles de l'orateur du gouvernement : « Un des articles du projet accorde la même puissance et les mêmes droits aux père et mère des enfants légalement reconnus (1). »

Dès lors ils ont le droit de diriger l'éducation de leur enfant, et comme ils ont le droit de correction qui en est une suite, ils ont le droit de garde qui en est le complément. (Art. 372, 374.)

Ayant le droit de diriger l'éducation de leur enfant, ils ont le devoir de le nourrir et de l'entretenir. (Art. 203.)

Ayant l'obligation de le nourrir et de l'entretenir, ils doivent obtenir une juste compensation et la loi leur concède comme aux parents légitimes l'usufruit légal des biens que cet enfant mineur de dix-huit ans et non émancipé peut avoir en sa possession (Art. 384), sauf l'exception de l'article 387, c'est-à-dire, sauf l'usufruit des biens que l'enfant acquiert par un travail et une industrie séparés, ou

____

(1) Fenet. T. X, p. 521.

qu'il obtient par legs, donation et à la condition que ses parents n'en jouiront pas. La plupart des auteurs combattent cette théorie et **M.** Demolombe lui-même, qui il y a un moment accordait aux père et mère naturels les mêmes droits qu'aux parents légitimes et qui recule devant une conséquence parce qu'elle est défavorable aux enfants (1). Nous ne reviendrons pas sur notre argumentation, elle s'applique au cas actuel, et, comme dernière preuve à l'appui de notre opinion, nous invoquons les paroles de l'orateur du gouvernement, que nous avons citées plus haut.

2. — *Droits à la succession.*

« Les enfants naturels ne sont point héritiers ; la loi ne leur accorde de droit sur les biens de leurs père ou mère décédés que lorsqu'ils ont été légalement reconnus. Elle ne leur accorde aucun droit sur les biens des parents de leurs père ou mère. » (Art. 756.)

Ces dispositions sont le complément de l'article 338 où il est dit que l'enfant naturel reconnu ne pourra réclamer les droits d'enfant légitime. Voilà la situation de l'enfant naturel toute tracée, il n'entre pas dans la famille, mais il vient s'y juxtaposer, il n'a de relations qu'avec son père ou sa mère, et il reste étranger aux parents de ceux qui l'ont reconnu. La Cour de Douai avait donc commis une grave erreur en condamnant une personne à fournir une pension alimentaire aux enfants naturels de son fils et c'est avec

---

(1) V Demolombe, T. VI, n° 649 ; Zachariæ, T. IV, p. 87.

raison que la Cour suprême avait cassé son arrêt. (17 juillet 1817.)

L'enfant naturel n'est pas héritier, donc il n'a pas la saisine et doit se faire envoyer en possession par justice (art. 724), ou demander la délivrance des biens aux héritiers saisis de plein droit (Arg. analog. art. 1004). Mais s'il n'est pas saisi, s'il n'est pas investi de la possession, il n'en est pas moins propriétaire et par conséquent, si avant sa demande en possession les immeubles de la succession étaient aliénés par les héritiers propriétaires pour partie, il pourrait, dans le délai de la prescription, revendiquer contre les tiers acquéreurs la part qui lui revient dans ces immeubles.

L'enfant naturel n'est pas héritier, donc les règles ordinaires de l'hérédité ne lui sont pas applicables et le législateur est forcé de créer pour lui tout un système, c'est ce qu'il fait d'abord dans l'article 757 : « Le droit de l'enfant naturel sur les biens de ses père et mère est réglé ainsi qu'il suit : — Si le père ou la mère a laissé des descendants légitimes, ce droit est d'un tiers de la portion héréditaire que l'enfant naturel aurait eue s'il eût été légitime; il est de la moitié lorsque les père ou mère ne laissent pas de descendants, mais bien des ascendants ou des frères ou sœurs; il est des trois quarts lorsque les père ou mère ne laissent ni descendants, ni ascendants, ni frères, ni sœurs.» Ainsi, tandis que l'enfant légitime exclut tous les héritiers d'un autre ordre, tous viennent en concours avec l'enfant naturel; le droit de ce dernier varie d'étendue suivant la qualité des concurrents, et c'est seulement lorsque ses père ou mère ne laissent pas de parents au degré successible qu'il arrive à la totalité des biens. (Art. 758.)

Il peut donc se trouver en concours : premièrement avec des descendants; en second lieu avec des ascendants ou des frères ou sœurs ; enfin avec des collatéraux autres que les frères et sœurs.

I. En présence de descendants, l'enfant naturel a le tiers de ce qu'il aurait eu s'il avait été légitime. Si donc il se trouve avec lui un seul enfant légitime ou plusieurs petits-enfants venant à la représentation d'un seul, l'enfant naturel qui aurait eu moitié s'il eût été légitime, aura le tiers de la moitié, c'est-à-dire, un sixième; s'il y a deux enfants légitimes, ou des descendants venant à leur représentation, l'enfant naturel, qui alors eût obtenu un tiers, aura le tiers du tiers, c'est-à-dire, un neuvième. Mais il aura le tiers de la succession entière s'il n'a pour concurrents que les enfants d'un frère légitime renonçant ou indigne, car en cas de légitimité, lui-même les exclurait pour le tout. (Art. 730, 787.)

Nulle difficulté donc lorsque l'enfant naturel est seul avec des héritiers légitimes; mais si en même temps que lui d'autres frères ou sœurs naturels légalement reconnus arrivent à la succession de l'auteur commun, quels seront les droits de tous ces enfants? C'est une question des plus difficiles et des plus controversées, nous n'entrerons pas dans l'examen des divers systèmes qu'elle a soulevés, nous nous contenterons de rechercher quel peut être celui du Code.

A vrai dire, il résulte du texte et de ses conséquences que le législateur n'a pas prévu le cas dont nous nous occupons actuellement, sans quoi il eût pris soin de poser une règle certaine et d'empêcher des interprétations qui toutes mènent à une solution inévitablement inexacte et préjudiciable aux intérêts des parties. Ici donc plus que partout ailleurs un raisonnement rigoureux est nécessaire, et il faut éviter soigneusement de construire des hypothèses toujours fausses quoique souvent ingénieuses. Que dit la loi? L'enfant naturel en concours avec des descendants légitimes a droit au tiers de ce qu'il aurait si lui-même était issu d'un mariage. Eh bien! chaque enfant naturel reconnu a le même droit quel que soit le nombre de ses frères reconnus ou légitimes; si donc il y a plusieurs enfants reconnus, ils seront tous dans la même situation, ils auront tous un droit égal, tous le tiers de la portion afférente à un fils légitime. Maintenant supposez trois enfants naturels, un enfant légitime et 61,000 francs; si tous avaient été légitimes, 15,250 francs eussent été la part de chacun ; or, chaque enfant naturel, n'ayant droit qu'au tiers de cette somme, ne recevra qu'environ 5,083 francs 33 cent., tandis que le reste se réunira aux 15,250 francs déjà appartenants au fils légitime, qui de cette sorte obtiendra une somme totale de 45,750 francs. Cela, en un mot, revient à compter comme légitimes tous les enfants, à rechercher qu'elles seraient leurs parts respectives dans ce cas, à la diminuer des deux tiers pour les enfants naturels et à reporter ce qu'on obtient ainsi sur les enfants légitimes.

Tel est le système de la jurisprudence et du plus grand nombre des auteurs, c'est aussi celui que nous adoptons. Sans doute il est rigoureux pour les enfants naturels, chacun d'eux pourrait dire : si j'étais légitime je profiterais du retranchement des deux tiers qu'on fait subir à tous mes frères naturels, en conséquence, j'ai droit, en ma qualité, au tiers de la portion qui m'eût été attribuée, si j'eusse été légitime, dans la masse produite par ces retranchements ; or, ces derniers profitent exclusivement à l'enfant réellement légitime, je n'ai donc pas véritablement le tiers de la portion qui m'eût été attribuée en cas de légitimité. Cela est vrai, mais quelque défectueux que soit ce système, je le trouve cependant préférable aux autres et surtout plus conforme à l'esprit de la loi que celui dont M. Gros est l'auteur (1). Ce système, dit de *répartition*, est ingénieux et d'un calcul fort simple puisqu'il se réduit toujours à faire un nombre de portions égal au chiffre que l'on trouve en triplant le nombre des enfants légitimes et en y ajoutant celui des enfants naturels, plus deux, pour donner ensuite une de ces portions à chaque enfant naturel. « Or, il est bien évident, dit M. Marcadé, que ce sys- » tème est contraire à la pensée du Code, puisque dans le » cas de six enfants naturels concourant avec un enfant » légitime, il donnerait aux premiers les six onzièmes des » biens, plus de moitié, en sorte que l'enfant légitime au- » rait alors moins que ce qui est attribué par la loi dans le » même cas à un simple frère du défunt (2). »

II. Rien n'est plus facile que de fixer la part des enfants naturels lorsqu'ils sont en concours avec des ascendants, des frères ou sœurs, ou bien simplement des collatéraux. Quel que soit leur nombre ils obtiendront toujours dans le premier cas la moitié ; dans le second, les trois quarts de la succession entière, car s'ils eussent été légitimes, ils auraient saisi toute l'hérédité.

(1) M. Gros, avocat à Lyon, *Recherches sur les droits successifs des enfants naturels.*

(2) Marcadé, *sur l'article* 757. III.

Il est bien évident que si un neveu vient à la succession en même temps qu'un oncle, frère légitime du défunt, il représentera son père et que la part de l'enfant naturel ne sera pas augmentée. Il en serait autrement si à défaut d'ascendants et de frères ou sœurs légitimes le fils naturel se trouvait en présence de neveux, je pense que dans ce cas il devrait prendre les trois quarts. D'excellents auteurs, Merlin, Malleville, Chabot, MM. Aubry et Rau (1) soutiennent que les neveux ont droit à la moitié comme les frères et sœurs et M. Marcadé avec sa fougue habituelle dit même que la question n'en est pas une. C'est si bien une question que contre lui et les partisans de la même doctrine nous invoquerons d'autres auteurs d'une aussi grave autorité, MM. Grenier, Malpel, Loiseau, Taulier et Troplong, et de plus une jurisprudence constante, des arrêts de Riom, 29 juillet 1809 ; de Paris, 16 juin 1812 ; de cassation, 6 avril 1813 ; de Rouen, 17 mars 1813 ; d'Agen, 16 avril 1822 ; de cassation, 20 février, 1823 ; de Rouen, 14 juillet 1840 ; de Toulouse, 29 avril 1845 ; de cassation, 31 août 1847 et enfin de Paris du 23 avril 1853 (2).

Tout d'abord nous appuyons notre doctrine sur le texte

---

(1) Merlin, *Réper.* v° Représ. sect. 4. § 7.

Malleville, sur l'article 757.

Chabot,   id.

Marcadé,   id.

Zachariæ,   id.

(2) Grenier, *donat. et test.* T. II, n° 668. Malpel, n° 159 ; Loiseau, p. 108 ; Taulier, III, p. 175 ; Troplong, *Don.* II, n° 776 ; Sirey, 1810. II. 266 ; id. 1812. II. 407 ; id. 1813. I. 61 ; id. 1813. II. 230 ; id. 1823. II. 65 ; id. 1823. I. 166. Deville, 1840. II. 524 ; id. 1846. II. 50 ; id. 1847. I. 785 ; id. 1853. II. 348.

même de l'article 757, il est formel : « le droit des enfants naturels est des trois quarts lorsque les père ou mère ne laissent ni descendants, ni ascendants, ni frères ni sœurs. » Mais, dit-on, lorsque le Code parle des frères ou sœurs il entend en vertu du principe général de la représentation et de l'article 742 comprendre leurs descendants. C'est une erreur ; malgré ces principes le Code a eu soin, chaque fois qu'il appelait les frères et sœurs d'ajouter : ou descendants d'eux, il suffit pour s'en convaincre de jeter les yeux sur les articles 746, 748, 749, 750, 751 et l'article 753 qui vient compléter l'article 752. Si donc la loi, alors qu'une pareille mention était inutile au chapitre des successions régulières, où la représentation est admise, a cependant jugé fort utile de la faire, et si dans le cas actuel elle y a manqué, c'est que bien évidemment elle voulait et repousser les neveux et leur interdire la représentation. Cette fiction ne pouvait en effet être introduite par la seule force des choses dans le système exceptionnel que créait le législateur et toutes les fois qu'il en a voulu il l'a dit expressément comme dans les articles 759 et 766. Ainsi ne venant pas par représentation les neveux et nièces arrivent de leur chef, alors se trouvant d'un degré au-dessous de l'enfant naturel ils ne sont plus à son égard que de simples collatéraux et par conséquent ne doivent obtenir qu'un seul quart dans la succession de l'auteur commun.

Tels sont les droits de l'enfant légalement reconnu sur les biens de ses père ou mère ; tel est le système imaginé par le Code. Les articles suivants le complètent, d'abord l'article 759 qui organise la représentation au profit des descendants légitimes de l'enfant naturel et leur accorde sur la succession de leur aïeul les mêmes droits qu'à leur père; puis l'article 760, dont voici la teneur : « L'enfant naturel ou ses descendants sont tenus d'imputer sur ce qu'ils ont droit de prétendre tout ce qu'ils ont reçu du père ou de la mère dont la succession est ouverte et qui serait sujet à rapport d'après les règles établies à la section 2 du chapitre VI du présent titre. » N'étant pas héritier, l'enfant naturel ne peut être soumis au rapport, il ne remettra jamais le bien en nature dans la masse à partager, mais il imputera, c'est-à-dire, il comptera ce qu'il a déjà reçu dans la part qui lui revient et il ne prendra que le complément. Et cela quand bien même les dons lui eussent été faits expressément et hors part ou avec dispense de rapport, car l'article 908 vient modifier les dispositions de l'article 843 en défendant aux enfants naturels de rien recevoir au delà de ce qui leur est accordé au titre des successions. De là encore cette conséquence que si les dons excédaient la portion disponible et la part afférente au fils reconnu, il y aurait lieu à rescision. En un mot, sauf les modifications apportées par l'article 908, l'imputation n'est autre chose que le rapport en moins prenant.

III. A côté des règles les exceptions et premièrement une exception générale.

« Toute réclamation leur est interdite lorsqu'ils ont reçu du vivant de leur père ou de leur mère la moitié de ce qui leur est attribué par les articles précédents, avec déclaration expresse de la part de leur père ou mère que leur intention est de réduire l'enfant naturel à la portion qu'ils lui ont assignée. — Dans le cas où cette portion serait inférieure à la moitié de ce qui devrait revenir à l'enfant naturel, il ne pourra réclamer que le supplément nécessaire pour parfaire cette moitié (art. 761). » Cet article n'offre aucune difficulté quoique MM. Grenier et Toullier (1) aient voulu que la réduction s'opérât non sur la part héréditaire mais sur ce qu'on nomme la réserve de l'enfant naturel. Il est bien au contraire certain que la réduction doit porter sur la part héréditaire, rien que la position de l'article 761 suffit pour l'indiquer. Ainsi ce sera la moitié du sixième, du douzième, etc., dans le cas de concours avec des enfants légitimes ; la moitié de la moitié ou des trois quarts dans les autres cas. Mais il faut que cette portion ne soit pas moindre de la moitié de ce que l'enfant aurait reçu dans la succession, sans quoi il aurait une action en supplément de part, et de plus comme compensation il faut qu'il l'ait reçue du vivant même de son père. Que l'intention des parents d'opérer la réduction doive être formellement exprimée, nul doute, le Code est précis sur ce point ; mais quelques auteurs et M. Toullier entre autres ont contesté qu'il fût besoin de l'assentiment du fils naturel (2). Cela cependant n'est pas plus douteux ; l'attribution à l'enfant du vivant de son auteur d'une partie de la succession de celui-ci et la mention expresse de la réduction ne peuvent se faire que par un acte de donation entre-vifs ; or tout le monde sait que pour être valable toute donation doit être formellement acceptée, rien donc ne serait plus facile à l'enfant que de s'opposer à la réduction projetée par un refus net et formel d'acceptation. La justice pourrait l'y contraindre, ajoute M. Toullier ; mais quel juge oserait déclarer que le don sera tenu pour accepté, qui oserait mettre ainsi une sen-

(1) Grenier. *Don. et test.*, T. II, 674 ; Toullier, T. IV, p. 262.
(2) Voy. Toullier, Loc. cit.

tence là où la loi exige la libre manifestation de la volonté?

Dans ce fait de la réduction proposée et consentie il y a un véritable marché sur une succession non ouverte et par conséquent une exception aux règles des articles 791 et 1130, mais en dehors de cette exception on retombe sous le coup de la prohibition générale ; ainsi l'enfant naturel ne pourrait renoncer à réclamer le supplément de la moitié qui lui est attribuée dans tous les cas de réduction.

Cette exception est générale en ce sens qu'elle s'applique à toutes les hypothèses où l'enfant se trouve en concours avec des héritiers légitimes à quelque degré successible qu'ils soient ; il en est une autre spéciale pour le concours d'enfants naturels et d'enfants légitimes, c'est celle de l'article 337 où il est dit : « La reconnaissance faite pendant le mariage par l'un des époux au profit d'un enfant naturel qu'il aurait eu, avant le mariage, d'un autre que de son époux, ne pourrait nuire ni à celui-ci, ni aux enfants nés de ce mariage. — Néanmoins elle produira son effet après la dissolution de ce mariage, s'il n'en reste pas d'enfants. »

Pour que les dispositions de cet article trouvent une application, il faut nécessairement que l'enfant soit né avant le mariage, sans quoi il serait adultérin ; d'un autre que de l'époux, sans quoi on rentrerait dans le droit commun ; enfin, que la reconnaissance soit faite pendant le mariage. Aussi, M. Delvincourt a-t-il commis une grave erreur en enseignant que l'article 337 s'appliquait même à la reconnaissance faite, après la dissolution du mariage, par le conjoint survivant, d'un enfant qu'il aurait eu avant les noces (1). — **D'abord** le texte est péremptoire; ensuite les motifs qui ont provoqué les dispositions exceptionnelles de l'article 337 n'existent plus. En effet, qu'a voulu le législateur? Il a voulu maintenir la bonne intelligence entre les mariés, il a voulu empêcher le ressentiment que causerait à l'un des conjoints la révélation d'un fait qu'on lui aurait peut-être caché avant le mariage, et en tous cas l'irritation qu'exciterait sûrement dans le cœur de l'époux le préjudice résultant de cette filiation naturelle soit pour lui-même, soit pour ses enfants. Mais après la dissolution du mariage ces considérations n'ont plus de raison d'être, et rien ne pourrait motiver l'application de notre article.

Si, au contraire, la reconnaissance est faite pendant le mariage, l'époux aurait beau se remarier avec l'autre auteur de l'enfant naturel et par ce moyen légitimer ce dernier, il n'en est pas moins vrai qu'on resterait sous l'empire de l'article 337 et que l'enfant, quoique mis au rang des descendants légitimes, n'obtiendrait cependant aucun droit contre ces derniers. Sa filiation est en effet constante, il a été reconnu pendant le mariage et aux termes de la loi, un enfant reconnu de cette sorte n'obtient de droits que s'il n'existe aucun enfant légitime issu du mariage. Une seconde reconnaissance serait superflue et je n'hésite pas à dire qu'elle devrait être considérée comme nulle et non avenue.

Enfin, je pense que la femme n'est pas obligée pour reconnaître son enfant d'obtenir l'autorisation de son mari ou une permission de justice, nous avons en effet déjà démontré que le droit de reconnaissance était un droit

(1) Delv., T. I, p. 90. N° 11.

purement personnel, dont l'exercice n'était pas subordonné comme en matière de contrats à l'existence d'une capacité civile.

L'article 337 a pour but d'empêcher l'enfant naturel d'arriver à la succession de son auteur; mais est-ce à dire qu'il ne lui sera point dû d'aliments? Des aliments lui seront dus parce que la personne qui l'a reconnu a acquis sur lui la puissance paternelle et par conséquent le droit de garde, et que ce droit n'existe pas sans le droit et le devoir de veiller à l'éducation et de pourvoir à l'entretien de l'enfant. Mais dès que la puissance sera éteinte, la dette alimentaire qui dans notre hypothèse n'est basée que sur elle, s'éteindra par là même et ne pourra revivre, l'enfant n'ayant aucun droit sur la succession. Sans doute sa position sera plus dure que celle de l'enfant adultérin ou incestueux; nous répondrons : *dura lex, sed lex ;* décider autrement serait nuire aux enfants issus du mariage.

IV. Tout ce que nous venons de dire n'a trait qu'aux successions ab intestat, mais qu'arrive-t-il lorsque le père a disposé de ses biens? L'a-t-il pu librement, autrement l'enfant naturel reconnu a-t-il droit à une réserve?

Strictement, non; le législateur en créant la réserve n'a pas le moins du monde songé à l'enfant naturel, il ne s'est occupé de lui qu'au titre des successions ab intestat et il ne l'a pas admis même au nombre des héritiers. Mais je conçois que cette doctrine trop défavorable soit repoussée par la plupart des auteurs et le plus grand nombre des arrêts (1), et quoique le raisonnement soit faux je comprends

(1) Cassat., 26 juin 1809; 14 août 1811; 26 nov. 1811; 27 avril 1830; 28 juin 1831; Toulouse, 15 mars 1834. Devill., 31. 1. 279; 34. 2. 537.

qu'on raisonne ainsi : « Le droit de l'enfant naturel sur la
» succession de ceux qui l'ont reconnu n'étant pas calculé
» d'une manière absolue et indépendante, mais établi
» comme une fraction du droit de l'enfant légitime, il a
» donc nécessairement la même nature que ce dernier et
» n'en peut différer qu'en ce qu'il a moins d'étendue. Donc
» tout ce que pourrait demander un enfant légitime, un
» enfant naturel pourra le demander aussi dans une moin-
» dre proportion. Un enfant naturel a droit, selon les cas,
» au tiers, à la moitié ou aux trois quarts de ce qu'aurait
» eu un enfant légitime ; or, un enfant légitime, malgré
» toutes les dispositions entre vifs ou de dernière volonté,
» aurait toujours une certaine portion des biens à lui
» réservée par la loi ; donc l'enfant naturel aura toujours
» aussi le tiers, la moitié ou les trois quarts de cette por-
» tion. Rien n'est plus clair que ceci (1). » Rien aussi n'est
plus contestable, je dirai même plus erroné. Ça a été une
tendance de la doctrine et surtout de la jurisprudence de
favoriser les enfants naturels et pour cela on les a assimilés,
c'est l'expression de Marcadé, aux enfants légitimes, leur
accordant absolument les mêmes droits avec une simple
réduction. Mais du même coup on a violé la loi qui, dans
l'article 338, défend à l'enfant naturel de réclamer les
droits d'enfant légitime et annonce que ses droits seront
réglés au titre des successions. Puis là, elle commence par
déclarer que l'enfant naturel n'est pas héritier ; elle lui
concède un droit proportionnel, droit à part qui ne peut
s'exercer que dans les cas prévus et dont on ne saurait introduire les règles en dehors des successions ab intestat.

(1) MARCADÉ, *sur l'art.* 914.

Puis encore, la qualité de réservataire ne peut aller sans celle d'héritier, elle n'est accordée qu'aux héritiers les plus favorisés et certes ce ne peut être à l'enfant naturel. Enfin la réserve étant une sorte de privilége, on ne doit pas, dans le silence de la loi, l'étendre à ceux qu'elle n'a pas spécialement désignés.

Tel est le droit de l'enfant naturel à l'hérédité des père ou mère qui l'ont légalement reconnu ; passons maintenant à sa propre succession et étudions les règles qui la gouvernent. Nous allons de nouveau trouver certaines dispositions exceptionnelles, résultat de la qualité même de l'enfant et de sa position envers la famille.

3. — *De la succession de l'enfant naturel.*

« La succession de l'enfant naturel décédé sans postérité est dévolue au père ou à la mère qui l'a reconnu, ou par moitié à tous les deux, s'il a été reconnu par l'un et par l'autre. » (Art. 765.)

Ainsi à défaut d'enfants légitimes ou naturels reconnus, la loi appelle à l'hérédité les père et mère du défunt, ce dernier n'ayant pas d'autre famille. Il ne faut pas soutenir avec M. Duranton (1) que les père ou mère de l'enfant partagent avec ses enfants naturels en vertu de l'article 757, car ce même article n'entend parler que des ascendants légitimes, mais ils viennent après et à leur défaut.

« En cas de prédécès des père et mère de l'enfant naturel, les biens qu'il en avait reçus passent aux frères et sœurs légitimes, s'ils se retrouvent en nature dans la suc-

(1) Duranton. VI. 336.

cession ; les actions en reprise, s'il en existe, ou le prix de ces biens aliénés, s'il est encore dû, retournent également aux frères et sœurs légitimes. — Tous les autres biens passent aux frères et sœurs naturels ou à leurs descendants. » (Art. 766.)

Lors donc que l'enfant naturel ne laisse ni postérité, ni père ni mère, ses biens se partagent. Ceux qu'il a reçus en vertu de l'article 757 retournent à la descendance légitime des auteurs qui l'ont reconnu ; introduits dans son patrimoine par un ordre irrégulier d'hérédité, ils en sortent de nouveau par un ordre anormal et extraordinaire, ils reviennent aux frères et sœurs qui, issus du mariage, eussent dû d'après le droit commun n'en être jamais privés. Mais si ces frères ou sœurs sont déjà décédés, leurs enfants se mettront-ils à leur place par représentation, malgré le silence de la loi ? Oui certes, car l'hypothèse n'est plus la même que dans l'article 757. Là, il s'agissait de l'enfant naturel reconnu en concours avec des individus plus bas en degré, tout était d'exception ; ici il n'est plus question de lui, et le Code entend, en ce qui touche les biens de famille, revenir aux dispositions ordinaires. Par une faveur spéciale, il organise une sorte de retour successoral au bénéfice des héritiers légitimes et une fois le principe posé, une fois le droit commun restitué, on revient à un état normal, toutes les règles revivent et par conséquent la représentation. Les descendants des frères ou sœurs légitimes héritent donc de tous les biens que leur oncle naturel tenait de l'auteur commun.

Quant aux biens acquis par l'enfant naturel lui-même, ils passent à ses frères ou sœurs naturels légalement reconnus ou à leurs descendants légitimes. Enfin viennent le conjoint, puis l'Etat.

CHAPITRE II.

De la recherche de la paternité et de la maternité. — Différence entre la reconnaissance forcée et la reconnaissance volontaire. — Effets communs.

Lorsqu'un enfant est inscrit sur les registres de l'état civil soit sous de faux noms, soit comme né de père et de mère inconnus, lorsqu'il n'a ni titre certain, ni possession d'état ou d'enfant légitime ou d'enfant naturel, il peut en général rechercher sa filiation.

Il fait preuve de sa filiation légitime par témoins, lorsqu'il y a un commencement de preuve par écrit, ou lorsque les présomptions ou indices résultant de faits dès lors constants sont assez graves pour déterminer l'admission de sa demande. (Art. 323.)

I. Mais lorsque le commencement de preuve par écrit, lorsque les présomptions indiquent une filiation naturelle, le droit change, l'enfant ne peut rechercher son père. « La recherche de la paternité est interdite, » dit l'article 340, et cette prohibition est formelle, absolue. Toutefois, le Code la fait suivre immédiatement d'une exception et il ajoute : « Dans le cas d'enlèvement, lorsque l'époque de cet enlèvement se rapportera à celle de la conception, le ravisseur pourra être, sur la demande des parties intéressées, déclaré père de l'enfant. »

Il résulte de cet article : 1° que la paternité ne peut être recherchée que dans le cas d'enlèvement ; 2° que pour être déclarée il faut coïncidence entre l'époque de la conception de l'enfant et celle de l'enlèvement; 3° que les magistrats ont tout pouvoir d'appréciation.

Tout d'abord, que faut-il entendre par enlèvement? C'est le fait de détourner une personne par des moyens illicites, par violence ou par séduction, et de la conduire ou de la faire conduire d'un lieu dans un autre pour abuser d'elle. En droit pénal, il n'y a d'enlèvement qu'à l'égard des mineurs. Ainsi détourner une femme majeure par séduction n'est point un acte punissable; la ravir par violence constitue un crime d'arrestation, de détention ou de séquestration (art 341, 342, 343, C. pén.). Quant aux enlèvements de mineures, la loi distingue : il n'y a pas délit, si la femme au-dessus de seize ans a volontairement suivi son ravisseur et si celui-ci n'a employé ni la fraude, ni la violence ; mais s'il en était autrement il y aurait crime, et dans tous les cas le rapt est puni lorsque la fille a moins de seize ans. (Art. 354 et s. C. p.)

Revenons au Code civil. Il est évident que l'article 340 ne peut s'appliquer à l'enlèvement d'une mineure au-dessus de seize ans à l'égard de laquelle on n'aurait employé ni la fraude, ni la violence, et il est certain de même qu'il doit s'appliquer en cas de violence à tout rapt soit de mineure, soit de majeure. Mais que décider si la fille mineure au-dessous de seize ans a volontairement suivi son ravisseur, si envers une mineure au-dessus de cet âge on n'a employé que la fraude, si enfin on a entraîné une majeure par fraude ou par séduction sans se servir de la violence? L'article 340 est encore applicable parce qu'il y a eu enlèvement dans le sens légal du mot. Ce qui en effet caractérise un acte de cette nature ce n'est pas seulement la violence physique mais la violence morale, et dans tous les cas dont il s'agit il y a eu violence de ce genre, car la victime n'a pu librement manifester sa volonté soit parce qu'elle était sans discernement, soit parce qu'on l'avait trompée, dans tous les cas, il y a eu un véritable abus de force morale.

On le voit, l'article 340 embrasse certains cas de rapt non atteints par la loi pénale ; de là nous concluons qu'il n'est pas nécessaire pour en faire l'application que les tribunaux de répression aient statué sur le fait de l'enlèvement. Du reste tous les auteurs sont d'accord sur ce point.

Si l'on veut déterminer la coïncidence de l'époque de la conception avec celle de l'enlèvement, il faut recourir aux présomptions établies par les articles 312, 314 et 315. Si donc la femme accouchait soit avant le terme le plus court de la gestation depuis que l'enlèvement a été commis, soit après le terme le plus long depuis que l'enlèvement a cessé, le ravisseur ne pourrait pas être déclaré père de l'enfant. Les hypothèses contraires ne forceraient pas la déclaration, les magistrats pourraient ne pas s'en contenter et ne se déterminer que d'après les faits et les circonstances ; l'article 340 leur a laissé sur ce point une faculté souveraine d'appréciation.

Quant au mode de preuve soit de l'enlèvement, soit des faits accessoires, la loi accorde toute latitude, on peut administrer la preuve *de plano* par témoins et même par présomptions.

II. La recherche de la maternité est toujours admise. « L'enfant qui réclamera sa mère sera tenu de prouver qu'il est identiquement le même que l'enfant dont elle est accouchée. — Il ne sera reçu à faire cette preuve par témoins que lorsqu'il aura déjà un commencement de preuve par écrit. (Art. 341.) »

Ainsi l'individu qui prétend que telle femme est sa mère doit dès l'abord prouver deux faits : l'accouchement de cette femme et son identité à lui avec l'enfant dont elle est accouchée ; et il doit faire cette double preuve en même temps, car le fait d'accouchement et le fait d'identité sont inséparables et le juge ne devrait pas admettre l'enfant à prouver l'enfantement s'il n'apporte déjà des présomptions graves de son identité.

La preuve n'est de plus admissible que s'il existe déjà un commencement de preuve par écrit émané directement de la femme même à qui la maternité est attribuée. Les actes publics, les écrits d'un tiers ne pourraient être considérés par le juge que comme des présomptions. De ce qu'un écrit de la mère forme un commencement de preuve, j'en conclus que l'acte de reconnaissance sous seing privé, quoique nul au point de vue de la reconnaissance, sera un commencement de preuve par écrit de l'accouchement et même de l'identité.

Je pense aussi avec MM. Aubry et Rau que la possession constante d'état d'enfant naturel suffit pour prouver l'identité du réclamant, et que : « si cette possession était contestée, la preuve pourrait s'en faire par témoins quoi- » qu'il n'y eût pas de commencement de preuve par » écrit, pourvu qu'il existât une preuve littérale ou un » commencement de preuve par écrit de l'accouche- » ment (1).»

(1) AUBRY et RAU, T. IV, p. 75-77.

Ce commencement de preuve exigé par la loi ne peut jamais être suppléé par le serment litis décisoire, car outre qu'il serait dangereux de déférer le serment à une partie sur un fait déshonorant pour elle-même, l'offre du serment serait l'offre d'une véritable transaction et le serment prêté produirait entre les parties les effets de cette espèce de contrat. *Jusjurandum,* dit Paul, *speciem transactionis continet, majoremque habet auctoritatem quam res judicata* (1). Or on ne peut transiger sur son état civil et l'enfant ne saurait s'interdire ainsi l'action en recherche de maternité.

III. Tout enfant naturel peut ainsi rechercher la maternité et la paternité soit qu'il n'ait ni titre de filiation, ni possession d'état, soit qu'il ait l'un ou l'autre soit même les deux. Après la contestation de la reconnaissance et son annulation il lui sera licite de rechercher sa véritable filiation. Mais quelle durée aura son action et d'autres que lui ne pourraient-ils aussi l'exercer?

Cette action appartient à l'enfant seul, elle est inhérente à sa personne, elle est inaliénable, car on ne peut renoncer à son état ni céder le droit de rechercher sa filiation. Elle est imprescriptible comme toute réclamation d'état. C'est là une loi du droit naturel qui s'applique à tout homme quelle que soit sa condition, et dont l'article 328 est une application spéciale aux enfants légitimes.

Elle ne saurait être exercée par les créanciers de l'enfant naturel, car elle est toute personnelle, mais elle peut l'être par ses héritiers non en vertu des articles 329 et 330, articles restrictifs et faits pour la filiation légitime, mais en

(1) *Dig.,* XII. 2. 2.

vertu du droit commun qui leur permet d'exercer sans restriction les droits et actions de leur auteur (art. 724). Je ne saurais mieux faire que de rapporter un jugement rendu sur ce point par le tribunal de la Seine, le 28 janvier 1836. « Attendu que si la loi garde le silence sur le » droit de recherche de la maternité quant aux héritiers » de l'enfant naturel et si au contraire elle s'occupe du » droit des héritiers de l'enfant légitime quant à la récla- » mation d'état, on n'en peut conclure qu'elle ait voulu » permettre l'action dans un cas et la prohiber dans l'au- » tre; qu'en effet si le législateur s'est occupé de ce droit » relativement aux héritiers de l'enfant légitime, c'est dans » la nécessité d'y apporter certaines restrictions et condi- » tions qui étaient commandées par la gravité même de » l'action et l'importance de ses suites; attendu qu'à l'é- » gard des enfants naturels les mêmes motifs n'existaient » pas et qu'il n'était pas nécessaire de déroger au droit » commun, ce qui explique pourquoi dans ce cas le légis- » lateur a gardé le silence..... (1). »

Mais une fois que l'action passe à l'héritier elle change de nature, elle devient prescriptible et aliénable, elle peut être sujette à des transactions, car elle n'a plus pour objet qu'un intérêt pécuniaire.

Si la réclamation d'état n'appartient qu'à l'enfant, le droit de contestation appartient à tout le monde, ou du moins à toute personne intéressée, l'article 339 est for- mel : « toute reconnaissance du père ou de la mère, de même que toute réclamation de la part de l'enfant pourra être contestée par tous ceux qui y auront intérêt. » Il est

(1) Dev., 1837. II. 369.

inutile de répéter ici ce que nous avons dit à ce propos au chapitre de la reconnaissance volontaire.

IV. Le jugement déclaratif de paternité ou de maternité, ce qu'on nomme la reconnaissance forcée produit tous les effets et entraîne toutes les conséquences de la reconnaissance volontaire, c'est-à-dire, soumission à la puissance paternelle et droit à la succession. Cela est incontestable puisque ces effets sont moins attachés à l'acte même de la reconnaissance qu'à la filiation constatée et nul n'oserait soutenir qu'à légard d'une déclaration d'état un jugement a moins de force, moins d'autorité que la volonté d'une personne.

J'irai même plus loin, et quoique ce soit une question fort débattue, je ne crains pas d'affirmer que la reconnaissance forcée est plus favorable à l'enfant que la reconnaissance volontaire, en ce sens qu'elle ne le fait pas tomber sous le coup des prohibitions édictées par l'article 337. Ici en effet il ne peut plus y avoir assimilation entre les deux sortes de reconnaissances. Qu'a voulu le législateur en décidant que la reconnaissance, faite pendant le mariage par l'un des époux au profit d'un enfant naturel qu'il aurait eu avant son mariage d'un autre que de son époux, ne pourrait nuire ni à celui-ci, ni aux enfants nés de ce mariage? Empêcher évidemment les fraudes; empêcher qu'un individu cachât son inconduite pour se marier, puis, l'union contractée, vînt porter le trouble dans la famille en affichant ses anciennes relations et diminuât par un fait purement personnel les droits que son conjoint ou ses enfants avaient le légitime espoir d'obtenir; en un mot, il a voulu prévenir un fait immoral, potestatif de la part de son auteur et en empêcher les conséquences désastreuses.

Ainsi l'époux ne fera pas la reconnaissance, ou sinon cette reconnaissance ne produira aucun effet. Mais l'enfant naturel doit-il en souffrir? Parce que son auteur a contracté mariage, sera-t-il dit que lui sera privé de ses droits, et que s'il peut faire constater sa filiation il sera déchu de tous les bénéfices qui en découlent? Quoi ! le fait d'autrui causerait un tel dommage, et ce qui est contraire aux principes les plus fondamentaux et les plus sacrés de notre droit, un dommage irréparable ! En fait ce serait interdire le plus souvent la recherche de la maternité et de la paternité dans le cas où cette dernière est permise, ou du moins rendre inutile leur constatation par la justice ; ce serait rendre illusoires les dispositions formelles des articles 340 et 341.

Au surplus, la position et le texte même de l'article 337 viennent confirmer notre manière de voir, il ne s'agit partout que de reconnaissance volontaire.

La reconnaissance volontaire et la reconnaissance forcée, qui donnent à l'enfant un droit sur la succession de son auteur, le soumettent-elles également à sa tutelle, autrement dit, existe-t-il au profit des père ou mère une tutelle légale sur leur enfant naturel légalement reconnu ?

Non, car ils ne sont pas héritiers·légitimes, car leurs parents ne sont pas des parents légitimes et la tutelle légale est essentiellement liée à la légitimité. Sans doute, le père et la mère naturels jouissent de la puissance paternelle, mais c'est en vertu d'une disposition formelle de la loi, et ici son silence indique suffisamment qu'elle n'a pas voulu honorer les parents naturels du titre de tuteurs légaux, de tuteurs légitimes. — Nous dira-t-on : vous avez concédé à ces mêmes parents l'usufruit légal et vous leur refusez la tutelle ! — Il est facile de répondre. Les parents naturels ont l'usufruit légal parce qu'ils ont le droit de garde, le droit de correction, parce qu'ils ont la puissance ; ils l'ont encore comme compensation parce que la loi leur a imposé le devoir d'élever et d'entretenir leurs enfants ; mais entre le titre d'usufruitier et celui de tuteur la différence est grande, ne peut-on pas jouir des biens sans les administrer ? L'usufruit légal dérive du pouvoir paternel et celui-ci est concédé formellement aux parents naturels ; la tutelle légitime est essentiellement corrélative à l'hérédité régulière, et ici tout est irrégulier, rien ne peut faire retour à l'ordre de choses normal sans une disposition formelle, et ici cette disposition fait défaut. Donc les parents ne peuvent être tout à la fois, à l'égard de leur enfant, des parents naturels, des successeurs irréguliers et des tuteurs légaux, des tuteurs légitimes.

Constatons enfin un dernier effet commun aux deux sortes de reconnaissances, c'est que toutes deux empêchent l'adoption par ses auteurs de l'enfant naturel reconnu. Sans doute c'est là une question vivement controversée sur laquelle la jurisprudence a varié, que la Cour de cassation elle-même a décidée tantôt dans un sens contraire par ses arrêts du 8 avril 1841 et du 1ᵉʳ avril 1846, tantôt en notre faveur par son arrêt du 16 mars 1843 (1), mais nous avons pour nous et la plupart des auteurs (2), et, je ne

(1) Dev. 1841. 1. 273 ; Id. 1843. 1. 97 ; Id. 1846. 1. 273.

(2) Voyez Malleville, T. I, p. 146 ; Chabot, art. 756, n° 34 ; Merlin, *Reper.* v° Adopt. ; Toullier, T. II, n° 988 ; Delvincourt, T. I ; Loiseau, *Enf. nat. append.*, p. 10 ; Beneck. V. une dissertation exclusivement consacrée à cette question ; Demolombe, T. IV. 50-52 ; Marcadé, T. II, p. 98.

crains pas de le dire, le Code lui-même sainement inter-
prété.

Quel est le premier effet de la reconnaissance? La constatation de la filiation, et de même que la reconnaissance
est irrévocable, de même aussi cette indication. Ainsi,
l'enfant naturel reconnu est bien l'enfant issu d'un tel par
concubinage, c'est une qualité que nulle force ne peut lui
enlever, c'est une marque ineffaçable. Qu'est-ce maintenant que l'adoption? L'adoption est un acte par lequel on
donne fictivement à une personne la qualité d'enfant, par
lequel on devient fictivement le père de celui qui vous est
complétement étranger. Or ici est-ce possible? Non, puisque la filiation est déjà certaine, puisque l'enfant naturel
est déjà réellement et légalement l'enfant de l'auteur de la
reconnaissance. Or, faire devenir enfant celui qui l'est
déjà, adopter son propre enfant, non-seulement c'est aller
contre la loi, mais contre la raison. Qu'en résulterait-il?
C'est que l'enfant serait à la fois naturel et légitime; chose
contradictoire. — Aussi dit-on que l'adoption efface la
reconnaissance et la qualité d'enfant naturel. — On considère alors l'adoption comme un mode de légitimation.
Mais déjà Justin et Justinien l'avaient effacé du droit
romain, ils avaient formellement prohibé l'adoption des
enfants naturels et notre Code n'admet que la légitimation
par mariage subséquent. Ainsi l'adoption ne peut avoir
lieu ni pour donner la qualité d'enfant, puisque déjà elle
existe, ni pour légitimer, puisque la loi le défend.

CHAPITRE III.

De la légitimation et de ses effets.

Les constitutions des empereurs byzantins avaient créé quatre modes de légitimation : le mariage subséquent des père et mère ; l'oblation à la curie ; le rescrit du prince et le testament. De ces quatre modes le droit canonique ne laissa subsister que le premier : « Telle est la force du mariage, disait la décrétale du pape Alexandre III, qu'il fait considérer comme légitimes les enfants nés même avant sa célébration. » Mais de même que les coutumes avaient dans la règle : *qui veut le roi, si veut la loi* (1), restitué la maxime du droit romain *quod principi placuit, id habet legis vigorem,* de même et comme conséquence la jurisprudence des parlements reconnut aux lettres patentes du roi la puissance des anciens rescrits impériaux. Bientôt, il est vrai, des différences s'établirent entre la légitimation par mariage subséquent et celle par lettres patentes ; tandis que la première continua de produire tous ses effets, la seconde ne conféra bientôt plus aux enfants que le droit de porter le nom de leur père et de prendre les armes de sa maison avec une brisure de gauche à droite en signe de bâtardise. Quand au droit de succession même sur les biens des père et mère il fallait que les lettres du prince l'eussent accordé formellement (2).

(1) *Institutes coutumières* de Loisel, I. 1. 1.
(2) *Ancien* Denizart, T. III. Voir *Légitimat.* n° 24, 25.

Comme le droit canonique, notre Code n'admet qu'un seul mode : « Les enfants nés hors mariage, est-il dit en l'article 331, autres que ceux nés d'un commerce incestueux ou adultérin, pourront être légitimés par le mariage subséquent de leurs père et mère, lorsque ceux-ci les auront légalement reconnus avant leur mariage ou qu'ils les reconnaîtront dans l'acte même de célébration. »

I. Ainsi le mariage peut seul légitimer les bâtards. Mais il faut, et c'est là une condition essentielle, que les enfants aient été légalement reconnus soit auparavant, soit dans l'acte même de célébration par les deux futurs époux. Que si la reconnaissance avait eu lieu dans l'acte même de célébration, cela n'empêcherait pas toute personne ayant un intérêt né et actuel de la contester, et il est hors de doute que la reconnaissance en tombant entraînerait la nullité de la légitimation. Il est bien évident aussi qu'à la suite d'une réclamation d'état et d'une déclaration judiciaire de leur filiation paternelle et maternelle les enfants seraient légitimés par le mariage subséquent de leurs parents tout comme s'ils avaient été reconnus volontairement par eux. Mais il serait nécessaire dans ce cas que le jugement déclaratif de la paternité et de la maternité eût précédé le mariage, car la loi est formelle, elle exige que le mariage soit postérieur à la constatation d'état et elle ne distingue pas entre les diverses sortes de constatations.

II. Une autre condition essentielle et qui découle de la première, est que les enfants ne soient ni adultérins ni incestueux. Ne pouvant être reconnus ils ne peuvent être légitimés. Par contre, en dehors de cette hypothèse tout enfant naturel jouira du bénéfice de la légitimation.

Peu importe qu'au moment de sa conception ses parents fussent ou non capables de se marier, eussent ou n'eussent pas ce qu'on appelait en droit romain le *connubium*. L'opinion de MM. Duranton et Delvincourt ne saurait se soutenir parce qu'elle est trop absolue; dire comme eux que si à l'époque de la conception il existe un empêchement au mariage l'enfant ne sera pas légitime (1), c'est se mettre en contradiction avec le texte et l'esprit de l'article 331. Ainsi une jeune fille a un enfant avant l'âge requis pour les noces ; une femme veuve met au monde un enfant quatorze mois après la mort de son mari, c'est-à-dire, a conçu à une époque où le mariage lui était défendu, certes nul n'osera contester à ces personnes le droit de légitimer leurs enfants dès que le mariage leur sera permis.

L'article 331 n'excepte en effet du bienfait de la légitimation que les enfants nés d'un commerce adultérin ou incestueux et c'est en ce sens seulement qu'il est vrai de dire que l'empêchement au mariage lors de la conception est un obstacle à la légitimation. Donc, si au moment de *l'habitude charnelle,* selon l'expression de Pothier (2), l'un des parents était engagé dans les liens du mariage avec une autre personne, l'enfant étant adultérin ne pourrait être légitimé, encore qu'à l'instant de sa naissance ses auteurs fussent devenus libres. Ce n'est pas en effet l'époque de la naissance mais bien celle de la conception, celle de l'acte qui donne la vie, qui doit décider du caractère de l'enfant ; le Code en employant le mot commerce n'a laissé aucun doute à cet égard.

(1) DELVINCOURT, T. I, p. 86. n. 11 ; Voir DURANT., III. 170.
(2) POTHIER, *Du mariage.* n. 411.

Mais c'est une question fort controversée que celle de savoir si les enfants nés hors mariage de deux personnes qui pour cause de parenté ou d'alliance ne pouvaient se marier ensemble qu'en vertu de dispenses, sont légitimés par le mariage de leurs père et mère contracté depuis avec ces dispenses?

Oui, disent les uns, parce que les dispenses ont un effet rétroactif et mettent les père et mère de l'enfant au même état que si jamais l'empêchement de mariage n'eût existé entre eux. — C'est une erreur, ces dispenses n'ont jamais eu un tel effet, elles lèvent les prohibitions et permettent à certains parents de se marier, mais jamais elles n'ont effacé le caractère de leurs anciennes relations, jamais elles n'empêcheront que le commerce antérieur de beaux-frères et de belles-sœurs, d'oncles et de nièces, de tantes et de neveux n'ait été incestueux, et jamais elles n'attribueront d'autre caractère aux enfants qui en sont nés. Il est impossible au chef du gouvernement de changer la nature des choses et de faire qu'un enfant conçu et né incestueux ne le soit pas. — Alors on nie qu'il y ait inceste, le Code n'a pas défini ce crime et on ne peut appeler de ce nom le commerce de deux personnes entre lesquelles il n'existait qu'un empêchement de mariage susceptible d'être levé par des dispenses. — Certes si, tout le monde définit l'inceste, la conjonction illicite entre parents ou alliés au degré prohibé, et sous ce rapport la loi ne distingue pas, le mariage entre beaux-frères et belles-sœurs est impossible et viendrait-il à être contracté qu'on le regarderait comme aussi incestueux, comme aussi nul que celui du frère et de la sœur. Tout commerce entre les personnes énumérées aux articles 161, 162 et 163 est donc un inceste et si l'article 164 laisse le chef du gouvernement maître d'accorder des dispenses, celles-ci n'ont d'autre but, d'autre effet que de permettre le mariage et d'enlever ainsi pour l'avenir le caractère incestueux, mais le passé reste intact. Or la loi, dans l'article 331, défend expressément la légitimation des enfants incestueux et plus loin elle le fait encore implicitement en défendant leur reconnaissance. Il faut enfin remarquer avec M. Thieriet (1) que si l'article 331 déclare les enfants incestueux incapables d'être légitimés par le mariage subséquent de leurs père et mère, c'est qu'il considère comme possible le mariage des père et mère de certains enfants, sans quoi il aurait dit un non-sens. Or, les seules personnes qui, ayant des enfants incestueux, puissent se marier, sont le beau-frère et la belle-sœur, l'oncle et la nièce, la tante et le neveu, c'est donc à leurs enfants que s'applique exclusivement l'article 331. En effet, les enfants du frère et de la sœur ne pourront jamais être légitimés non-seulement parce qu'ils sont incestueux, mais avant tout parce que le mariage de leurs parents est impossible.

III. Du moment où un enfant naturel a été légalement reconnu, il est légitimé de plein droit par le mariage, alors même que dans l'acte il n'y aurait nulle mention à ce sujet. On se rappelle la décrétale d'Alexandre III. « *Tanta vis est matrimonii ut qui antea sunt geniti, post contractum matrimonium legitimi habeantur* (2). » Le Code n'a nullement entendu y déroger; ni dans l'article 331, ni ailleurs

_____

(1) Thieriet, *Revue de légis.*, T. VIII, p. 453 et s.
(2) *Decret*. Chap. VI. ext. qui filii sint legit.

il n'exige aucune condition soit d'une déclaration du vœu
des parents, soit de la manifestation de l'assentiment de
l'enfant; c'est le fait même du mariage qui confère à ce
dernier la qualité de légitime. Le mot *pourront être légitimés* signifie, dit M. Marcadé, non que l'enfant de deux
personnes qui se marient peut être ou n'être pas légitimé,
mais que l'enfant le sera ou ne le sera pas selon que ses
père et mère se marieront ou ne se marieront pas (1).

Que si l'enfant naturel reconnu décède avant le mariage
de ses auteurs, mais laisse des descendants, la légitimation
aura lieu en faveur de ceux-ci et leur profitera (art. 332).

Il est évident que cette légitimation ne peut avoir lieu
qu'au profit de descendants légitimes ou légitimés de l'enfant naturel reconnu, puisqu'eux seuls, d'après l'article
751, le représentent, tandis que son enfant naturel, même
reconnu, reste complétement étranger à ses ascendants
naturels. Mais, dira-t-on, ces enfants sont déjà légitimes.
— Ils sont légitimes, sans doute, à l'égard de leurs père et
mère, mais ils ne sont pas dans la famille des parents de
ceux-ci et ils ne pourraient arriver à leur hérédité qu'à
titre de successeurs irréguliers. La légitimation a pour effet
de les relever de ces incapacités en les faisant considérer
comme petits-enfants légitimes, en leur donnant la qualité
que la légitimation de leur père leur eût attribuée.

Dès qu'un enfant est légitimé par le mariage subséquent,
il jouit des mêmes droits que s'il était né de ce mariage
(art. 333), en un mot, il n'y a plus de différence entre lui
et les enfants légitimes, il est héritier.

(1) MARCADÉ, *sur l'art.* 331.

DEUXIÈME PARTIE.

CONDITION DES ENFANTS NATURELS ADULTÉRINS OU INCESTUEUX.

La condition des enfants adultérins ou incestueux est pire que celle faite par la loi aux simples enfants naturels. C'est ainsi que l'article 335 les prive du bénéfice de la reconnaissance et l'article 331 du bienfait de la légitimation. Ils ne peuvent rechercher ni leur mère, ni leur père, même dans le cas où la recherche de la paternité est permise ; non-seulement ils ne sont pas héritiers, mais ils ne sont pas même successeurs irréguliers, ils n'ont droit qu'à des aliments. Car, dit le législateur, « la naissance d'un enfant » fruit de l'inceste ou de l'adultère, est une vraie calamité » pour les mœurs. Loin de conserver aucune trace de son » existence, il serait à désirer qu'on en pût éteindre jus- » qu'au souvenir (1). »

I. L'adultère est la conjonction illicite d'une femme mariée avec un autre homme que son mari, ou d'un homme marié avec une autre femme que la sienne. Il est simple ou double ; simple, lorsqu'une seule des parties est mariée, double, lorsque toutes deux le sont.

(1) *Rapport fait au Tribunat par le tribun* LAHARY, séance du 28 ventôse an XI.

L'enfant issu d'un adultère double ne pourra être reconnu par aucun de ses auteurs.

En principe il en est de même pour le cas d'adultère simple. L'enfant né de ce commerce est adultérin à l'égard de tous, aussi bien à l'égard du complice que de la personne mariée. Nul n'oserait soutenir par exemple qu'un enfant serait adultérin par rapport à sa mère et non par rapport à son père, alors que celui-ci est passible des peines de l'adultère. Ainsi un homme marié et une femme libre reconnaissent ensemble par le même acte un enfant comme issu de leurs œuvres. Cette reconnaissance est nulle à l'égard des deux. En vain dira-t-on que la reconnaissance, nulle à l'égard du premier, doit être réputée non écrite parce qu'elle n'eût pas dû être reçue, et qu'ainsi elle laisse à la déclaration de la femme toute sa valeur, celle-ci étant libre de reconnaître son enfant (1). Nous répondrons que sans doute la reconnaissance par le père est nulle parce qu'elle indique une filiation adultérine, mais que par ce dernier motif même elle entraîne la nullité de la reconnaissance par la mère. En effet il n'y a pas deux reconnaissances détachées et indépendantes l'une de l'autre, il y a une double déclaration mais une seule reconnaissance faite dans le même temps et dans un acte unique par le père et la mère. Ils indiquent qu'un tel est leur enfant, ils indiquent par conséquent une filiation adultérine, l'enfant ne peut donc être fruit de l'adultère à l'égard de l'un et fruit d'un simple concubinage à l'égard de l'autre (2).

(1) Duranton, T. III, n° 202; Taulier, T. I, p. 415.

(2) Demolombe, T. V, n° 574; Zachariæ, T. IV. 90. Cassation, 1er août 1827; Sirey, 1828. 1. 49.

De même serait nulle la reconnaissance faite par une femme libre avec l'indication d'un homme marié comme père de l'enfant, ici, en effet, il y a encore une peuve de la filiation adultérine.

De ce que dans ces deux cas la reconnaissance est complétement nulle, il s'en suit que chacune des parties libres pourra, par un acte nouveau, reconnaître l'enfant en son nom et comme enfant simplement naturel. De même, il sera licite à l'enfant de rechercher la maternité, car la mère est libre. Les parties se trouvent dans la même situation que si jamais une reconnaissance n'avait été faite. Or, dans cette situation on ignore complétement l'origine de l'enfant, on ignore légalement s'il est adultérin.

Que si les deux auteurs avaient reconnu le même enfant par acte séparé, la reconnaissance nulle à l'égard de l'individu marié serait valable par rapport à la personne libre, et cela parce que la reconnaissance n'ayant pas été faite dans le même acte, la nullité d'un des actes ne peut vicier le second, les actes sont indépendants l'un de l'autre (1).

II. L'inceste est, nous l'avons déjà défini, la conjonction illicite entre parents ou alliés au degré prohibé.

L'inceste est toujours double, et malgré cela, il pourra arriver que l'enfant ne sera pas légalement tenu pour incestueux. Reprenons les hypothèses précédentes.

Un oncle et une nièce, un beau-frère et une belle-sœur reconnaissent un enfant simultanément et par le même acte ; la reconnaissance est nulle à l'égard des deux.

Chacun a reconnu de son côté et par acte séparé ; un des deux actes est nul et l'autre subsiste par tous les motifs

(1) Zachariæ, T. IV. 90. Duranton, III. 205. 206.

que nous avons exposés. Mais lequel sera maintenu? Le premier en date, disent avec raison MM. Aubry et Rau (1). En effet lorsque la première reconnaissance a eu lieu elle était valable, et la seconde seule venant révéler un inceste doit seule être répoussée.

III. Ainsi ce que défend le Code c'est la révélation de la filiation adultérine ou incestueuse, il repousse tous les genres de preuves par lesquelles on prétendrait l'établir, il les repousse toujours de quelque part qu'ils viennent, soit de la part des père et mère, nous l'avons vu, soit de la part de l'enfant, soit de la part des tiers agissant au nom de l'enfant ou contre lui.

A l'enfant, il interdit formellement toute réclamation : « Un enfant, dit l'article 342, ne sera jamais admis à la recherche soit de la paternité, soit de la maternité, dans les cas où, suivant l'article 335, la reconnaissance n'est jamais admise. »

Quelques auteurs (2) ont avancé que cet article n'était pas applicable en cas d'enlèvement. Si l'on admettait cette manière de voir et si l'on décidait que dans ce cas la recherche de la paternité adultérine ou incestueuse est admise, on serait conduit à dire que l'article 342 n'a absolument rien fait puisqu'il n'a défendu que ce qui n'était pas permis. En effet, l'article 342 qui défend la recherche de la paternité adultérine ou incestueuse ne peut avoir de sens qu'autant qu'il s'applique au cas où la recherche de la paternité serait d'ailleurs permise, or elle n'est permise

(1) Aubry et Rau, IV. 89 et 90.
(2) Grenier. *Des donat.*, T. I, n° 130. Malpel. *Des succes.*, n° 169.

qu'en cas d'enlèvement, donc c'est à cette hypothèse que s'applique et que peut même seulement s'appliquer la défense prononcée par l'article 342.

L'enfant né à la suite d'un enlèvement et désavoué par le mari est donc adultérin, adultérin puisqu'il est né hors du mariage, adultérin à l'égard de tous puisqu'il l'est à l'égard de sa mère, et toute réclamation d'état lui est interdite.

L'article 342 ne distingue pas, donc la recherche de la filiation adultérine ou incestueuse n'est permise à qui que ce soit, ni à l'enfant, ni à la partie intéressée, soit qu'elle agisse du chef de l'enfant, soit qu'elle agisse contre lui par voie d'action ou par voie d'exception ; aussi le juge ne devrait pas admettre la preuve des faits avancés ; c'est ce que reconnaissent la plupart des auteurs et une jurisprudence constante, des arrêts de Paris du 6 juin 1809 ; de cassation du 14 mai 1810, du 14 mai 1811, du 17 décembre 1816, du 1ᵉʳ avril 1818 et du 6 mai 1820 (1). Toutefois le mari ou ses héritiers ne sont pas soumis à cette prohibition lorsqu'ils désavouent et prétendent faire déclarer adultérin l'enfant conçu par la femme mariée ; ou il fallait admettre cette exception ou rejeter de notre Code l'action en désaveu de paternité.

IV. Ainsi la recherche de la filiation et la reconnaissance sont formellement prohibées par le Code. Mais enfin si la reconnaissance a été reçue par un officier public, quels seront ses effets, indiquera-t-elle la filiation, donnera-t-elle

(1) Zachariæ, IV. 89. Duranton, III, n° 207. Merlin, *Rép.*, vᵒ *filiat.*, n° 18 et 19, T. XVI. Demolombe, 5. 570. Sirey, 1809. II. 310 ; id. 1810. 1. 272 ; id. 1814. 1. III ; id. 1817. 1. 191 ; id. 1818. 1. 244 ; id. 1820. 1. 311.

droit à des aliments, rendra-t-elle nulles les libéralités faites à l'enfant?

Malgré l'opinion contraire enseignée par MM. Delvincourt, Toullier et Valette, malgré des arrêts assez nombreux (1), nous pensons avec MM. Demolombe, Zachariæ, Duranton, Marcadé et avec la Cour de cassation (2), que la reconnaissance d'un enfant adultérin ou incestueux ne peut produire aucun effet juridique soit pour lui, soit contre lui.

Que dit en effet l'article 335? « La reconnaissance ne pourra avoir lieu. » On prétend que cette formule n'entraîne pas la nullité puisque celle-ci n'est pas formellement prononcée. Mais alors où sera la sanction? Nulle part et voilà la loi impuissante. Rien ne sera plus facile que de la violer. Il suffira à un homme de se présenter devant l'officier de l'état civil ou devant un notaire, de faire sa déclaration, et il se trouvera que le notaire, dans l'impossibilité de vérifier le véritable caractère de la filiation, aura constaté une filiation adultérine ou incestueuse, aura violé la loi. Et qu'on ne repousse pas cette hypothèse comme impossible; dans les grands centres de population

(1) Delvincourt, T. I, p. 90, n° 2; Toullier, T. 2, n° 967 à 969; Valette, *sur Proudhon*, T. II, p. 155-158. Toulouse, 5 mars 1827, *Dev.* 1827. II. 162; Lyon, 25 mars 1835, *Dev.* II. 241; Paris, 14 déc. 1835, *Dev.* 1836. II. 63; Rennes, 31 déc. 1834; *Dev.* 1836. II. 506.

(2) Demolombe, 5, n° 587 et s.; Zach., IV, p. 89; Marcadé, *sur l'art.* 335; Duranton, III, n° 195 à 209. *Cass.* 28 juillet 1815, Sirey, 1811. 1. 529; *Cass.* 11 nov. 1819, 9 mars 1824; *D.* 1820. 1. 1801. 1824. 1. 97; *Cass.* 8 fév. 1836, 8 mars 1846, 19 avril 1847; *Dev.* 1836. 1. 241. 1847. 1. 30. 1847. 1. 562.

la vérification ne sera presque jamais praticable, surtout si l'enfant est reconnu bien après sa naissance, et si à cette époque la position de ses parents a changé, par exemple par la dissolution d'un mariage existant au moment de la conception. Donc voilà contre le vœu de l'article 335 une reconnaissance d'enfant adultérin ou incestueux, voilà la prohibition rendue vaine et dérisoire, réduite à l'état de lettre morte. Cela ne peut se supposer ; bien évidemment la nullité résulte d'une manière implicite des termes de la loi, car, pour le législateur, le seul moyen d'atteindre son but est de punir de la nullité tout acte enfreignant ses défenses. Ecoutons-le : « La reconnaissance sera impossible » s'il faut l'appuyer sur l'inceste ou sur l'adultère. L'offi- » cier public ne la recevra pas, et si, malgré lui, l'acte » contient le vice qui l'infecte, cette reconnaissance nulle » ne pourra profiter à l'enfant adultérin ou incestueux » pour qui elle aura été faite. — Rendons grâce à cette » innovation morale qui écarte d'une loi si pure dans sa » forme et dans son objet ces chances pernicieuses d'infa- » mie, ces révélations mortelles à la pudeur sociale. On ne » déchirera plus pour des passions individuelles et des » intérêts particuliers le voile épais dont l'intérêt public » couvre ces écarts scandaleux, et les expressions mêmes » qui servent à les désigner ne seront plus prononcées que » dans les jugements destinés à flétrir ceux qui oseront » s'en montrer coupables (1). » Donc la reconnaissance est nulle et de nul effet, donc elle ne peut être invoquée soit pour l'enfant, soit contre lui.

Alors sa filiation ne sera pas constatée et il n'aura pas

-----

(1) *Discours de M. Duveyrier*, Locré, *légis. civ.*, T. VI, p. 323.

droit à des aliments. Mais sa filiation n'étant pas constatée, il ne sera réputé ni adultérin, ni incestueux, par conséquent l'article 908 ne lui sera pas applicable et il sera capable de recevoir les libéralités de ses auteurs.

Cependant si la libéralité avait été faite par le même acte que la reconnaissance, il faudrait avec la Cour de cassation reconnaître qu'elle doit être annulée (1). En effet, lorsqu'un acte est nul quant au point essentiel, il l'est quant aux conséquences qui en découlent, or ici la libéralité n'existe qu'en vertu de la reconnaissance et par elle, c'est parce que le donateur déclarait un tel comme son fils adultérin ou incestueux qu'il le gratifiait d'une libéralité, donc la reconnaissance étant nulle doit entraîner la nullité de la donation qui était intimement liée à son existence. De plus, la reconnaissance indique surabondamment la cause de la donation et ici la cause est illicite. Voici comment se prononçait la Cour de Lyon appelée à juger cette question ; nous retrouverons admirablement développés dans son arrêt les arguments que nous venons d'énoncer :

« Attendu que la saine raison et la morale ne permettent
» pas de retrancher d'un acte, d'y effacer une qualification
» d'adultérinité tout exprès pour donner la vie à une libé-
» ralité que la loi réprouve et conférer contre son vœu et
» son expresse prohibition le patrimoine de la famille légi-
» time à l'enfant de l'adultère ou de l'inceste ; que telle
» ne saurait jamais être la portée de l'article 335 du Code
» civil ; que ce serait au contraire le mettre en contradic-
» tion avec l'article 762, et, comme l'a déclaré la Cour de

____

(1) Cass. 7 déc. 1840 ; Dev. 1841. 11. 40 ; Cass. 3 fév. 1841 ; Dev. 1841. 1. 117.

» cassation par son arrêt du 4 janvier 1832, introduire
» dans la loi une anomalie choquante que la sagesse
» désavoue ; que c'est ainsi que raisonnait la Cour de cas-
» sation à l'occasion d'une adoption liée à une reconnais-
» sance d'adultérinité, lorsqu'elle disait dans son arrêt
» du 13 juillet 1826 : l'adoption étant faite par le même
» titre que celui de la reconnaissance, ne peut en être
» séparée, puisque c'est le même titre de l'adoption qui
» proclame le vice de la naissance de l'enfant et constitue
» son incapacité à en recevoir l'effet ; — Attendu que la
» filiation adultérine une fois établie par l'acte même de
» libéralité attaqué, doit nécessairement en entraîner la
» nullité, soit qu'on la considère comme naturellement
» vraie, parce qu'alors c'est une libéralité au profit d'une
» personne incapable , selon la disposition expresse des
» articles 908 et 911 rapprochés de l'article 762 du Code
» civil, soit qu'on la soutienne légalement nulle par appli-
» cation de l'article 335, parce que dans ce cas l'acte n'a
» plus qu'une cause non–seulement fausse, mais surtout
» illicite, contraire aux bonnes mœurs et à l'ordre public.
» Articles 1131 et 1132 du C. civ. — Attendu que l'adul-
» térinité vraie ou supposée d'un enfant est incontestable-
» ment dans une libéralité universelle et au préjudice de
» l'enfant légitime une cause illicite au premier chef, une
» cause contraire aux bonnes mœurs puisqu'elle a pour
» objet de déshériter la famille légitime pour enrichir ceux
» que l'article 335 défend de reconnaître et à qui l'article
» 762 n'accorde qu'un secours alimentaire (1). »

(1) Lyon, 17 mars 1847. *Affaire Vassivière.* Dalloz, 1847. 11.
76.

Dans les mêmes circonstances et par les mêmes motifs, mais cette fois contre la jurisprudence de la Cour de cassation (1), je me prononcerais pour la nullité d'un legs fait par un père à son enfant adultérin ou incestueux à simple titre d'aliments et *pour l'acquit de sa conscience*.

Pas plus que la reconnaissance, la possession d'état n'indique une filiation adultérine ou incestueuse.

S'il en est ainsi, si la recherche soit de la paternité, soit de la maternité, si la reconnaissance, si la possession d'état ne mènent pas à la découverte de cette filiation, il y a donc antinomie entre les articles 335 et 342 qui en défendent la constatation et les articles 762 et suivants qui accordent cependant des aliments aux enfants issus de l'adultère ou de l'inceste, il y a antinomie puisque d'une part les aliments n'ont d'autre cause que la parenté et que de l'autre la parenté ne peut être établie?

L'antinomie n'est qu'apparente. La loi a voulu par de sévères prohibitions, par des difficultés de toutes sortes empêcher des procès scandaleux qui n'aboutiraient en définitive qu'à l'obtention d'un mince bénéfice impuissant à compenser la honte inévitable qui en résulterait ; elle a défendu toute recherche, toute reconnaissance volontaire, toute constatation de la part des parties ; mais elle a compris que dans certains cas ses prévisions seraient nécessairement déjouées, que dans certaines circonstances ses défenses, si elles étaient trop absolues, porteraient atteinte à des droits inviolables. Aussi la constatation de la filiation incestueuse résultera du jugement prononçant la nullité d'un mariage incestueux ; la filiation adultérine, de la

<hr>

(1) Cass., 15 juillet 1846. *Aff. Tronnet*. Dev. 1846. 1. 722.

déclaration judiciaire de bigamie ou de l'admission du désaveu intenté par un mari ; l'enfant issu de ces unions sera par l'effet de la sentence tenu pour adultérin ou incestueux ; c'est à lui que la loi accordera des aliments.

V. Mais aussi c'est tout ce qu'elle lui concède : « Les dispositions des articles 757 et 758, dit l'article 762, ne sont pas applicables aux enfants adultérins ou incestueux. La loi ne leur accorde que des aliments. »

« Ces aliments sont réglés eu égard aux facultés du père ou de la mère, au nombre et à la qualité des héritiers légitimes (art. 763). » Et l'on pourrait ajouter : des successeurs irréguliers. Il est évident que les aliments ne sont dus à l'enfant que s'il est dans le besoin ; cette opinion est confirmée par les dispositions de l'article 764 : « Lorsque le père ou la mère de l'enfant adultérin ou incestueux lui auront fait apprendre un art mécanique ou lorsque l'un d'eux lui aura assuré des aliments de son vivant, l'enfant ne pourra élever aucune réclamation contre leur succession. » Mais il ne peut jamais recevoir que des aliments et rien au delà ni par donation entre vifs, ni par testament (art. 908), il ne peut de même arriver de quelque manière que ce soit à la succession *ab intestat* de ses père ou mère. Lors donc que ceux-ci viendraient à mourir sans héritiers ni successeurs, la succession serait dévolue au conjoint ou à l'Etat. Il est vrai de dire aussi que les père et mère incestueux n'ont rien à prétendre sur l'hérédité de leur enfant ; en effet la succession *ab intestat* ne peut être déférée que par la loi et sur ce point la loi est muette.

L'enfant adultérin ou incestueux sera, je crois, admis à porter le nom de son père ou de sa mère puisque ce droit dérive de la filiation constatée, mais il ne sera soumis ni à leur tutelle, ni à leur puissance paternelle. Toutefois il leur doit honneur et respect, car c'est un devoir naturel ; une violation de ce devoir ou un crime contre nature le rendraient passible des peines édictées soit par l'article 312, soit par l'article 13 du Code pénal (Comp. art. 299 m. c.). Par cela même que sa filiation est certaine, les articles 161, 162 du Code civil, 19 de la loi du 17 mai 1832, et 322 du Code d'instruction criminelle lui sont applicables. Il est en effet du plus haut intérêt d'ordre et de moralité publiques qu'il ne puisse épouser son père ou sa mère, son frère ou sa sœur, ni déposer contre eux en jnstice, ni les faire contraindre par corps.

Tel est le droit exceptionnel qui régit les enfants naturels dans leurs rapports avec la famille légitime. Mais en dehors de ces relations le droit commun reprend son cours ; les incapacités, dont l'ancienne législation avait frappé les bâtards même dans la vie publique, ont disparu ; l'enfant naturel est aujourd'hui aussi capable que les autres personnes ; en un mot, comme Français et comme citoyen il jouit de la plénitude de ses droits civils et politiques.

PROPOSITIONS.

***

DROIT ROMAIN.

I. Le juste titre et la bonne foi sont deux conditions distinctes et essentielles en matière d'usucapion.

II. La *restitutio in integrum* obtenue par le mineur de vingt-cinq ans laisse subsister une obligation naturelle.

III. En général les pactes joints *in continenti* même à un contrat de bonne foi n'ont pas la force du contrat lui-même et ne produisent que des exceptions.

IV. La stipulation faite par l'esclave héréditaire pour .l'héritier futur est valable.

DROIT FRANÇAIS.

I. Le viol ne peut être assimilé à l'enlèvement et provoquer la recherche de la paternité, lors même qu'il y a eu coïncidence entre l'époque du fait criminel et celle de la conception.

II. La recherche de la maternité naturelle et même de la paternité dans le cas d'exception prévu par l'article 340 ne peut être exercée contre l'enfant par les héritiers légitimes de son auteur prétendu, afin d'obtenir la réduction des libéralités excessives qui lui auraient été faites par celui-ci.

III. Les tribunaux civils sont seuls compétents pour connaître de l'action en recherche de la filiation naturelle.

IV. L'article 766 ne saurait être invoqué par les frères et sœurs d'un enfant adultérin ou incestueux.

V. Les ascendants naturels n'ont pas droit à une réserve sur les biens de la succession de leur enfant légalement reconnu.

VI. L'action en désaveu ne peut pas être exercée par le tuteur de l'interdit au nom de ce dernier.

VII. Les décisions affirmatives de la juridiction criminelle n'ont pas l'autorité de la chose jugée envers et contre tous. — Elles ne peuvent être opposées aux tiers qui n'ont pas été parties dans l'instance criminelle et qui n'auraient pas eu qualité pour y figurer.

DROIT CRIMINEL.

I. La jurisprudence, qui prononce une amende de simple police contre les auteurs d'un délit d'exercice illégal de la médecine, est arbitraire. Le législateur, quelle qu'ait été son intention, n'a réellement puni ce délit que dans les hypothèses prévues par l'article 36 de la loi du 19-29 ventôse an XI.

II. Dans le cas de l'article 114 du Code d'instruction criminelle, le juge d'instruction n'est pas nécessairement obligé d'accorder au prévenu d'un délit correctionnel sa liberté provisoire sous caution.

DROIT PUBLIC.

I. Une puissance ne peut se faire livrer, en vertu du droit d'extradition, d'autres personnes que ses nationaux.

II. Les stipulations des traités relativement à la navigabilité des fleuves internationaux l'emportent sur les droits de propriété des riverains.

III. Un préfet ne peut pas, sans recourir aux formalités de l'expropriation, procéder au curage des cours d'eau non navigables par voie d'élargissement.

Vu par le Président de l'acte public,

LAMACHE.

Strasbourg, 1er juin 1861.

Vu par le soussigné Doyen,

C. AUBRY.

Permis d'imprimer :

Strasbourg, le 1er juin 1861.

Le Recteur,

DELCASSO.

TABLE DES MATIÈRES.

DROIT ROMAIN.

De la Puissance du Chef de famille.

DROIT FRANÇAIS.

De la Condition civile des Enfants naturels.

FIN.